MARCO POLO

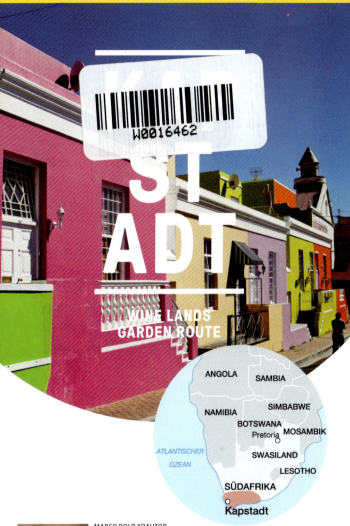

KAPSTADT
WINE LANDS
GARDEN ROUTE

MARCO POLO KOAUTOR
Christian Putsch
Der Wind, so glaubt Christian Putsch, weht mehr Energie nach Kapstadt als in andere Städte. Die Bewohner leben mit größtmöglicher Intensität und wollen, ob arm oder reich, ihre sensationelle Stadt jeden Tag noch ein wenig besser machen. Seit 2009 berichtet der Journalist aus Südafrika, u. a. für „Die Welt" und die „NZZ". Informationen finden Sie unter *www.christianputsch.de*.

REIN INS ERLEBEN

Mit dem digitalen Service von MARCO POLO sind Sie noch unbeschwerter unterwegs: Auf den Erlebnistouren zielsicher von A nach B navigieren oder aktuelle Infos abrufen – das und mehr ist nur noch einen Fingertipp entfernt.

Hier geht's lang zu den digitalen Extras:

http://go.marcopolo.de/kap

 Touren-App

Ganz einfach orientieren und jederzeit wissen, wo genau Sie gerade sind: Die praktische App zu den Erlebnistouren sorgt dank Offline-Karte und Navigation dafür, dass Sie immer auf dem richtigen Weg sind. Außerdem zeigen Nummern alle empfohlenen Aktivitäten, Genuss-, Kultur- und Shoppingtipps entlang der Tour an.

Update-Service

Immer auf dem neuesten Stand in Ihrer Destination sein: Der Online-Update-Service bietet Ihnen nicht nur aktuelle Tipps und Termine, sondern auch Änderungen von Öffnungszeiten, Preisen oder anderen Angaben zu den Reiseführerinhalten. Einfach als PDF ausdrucken oder für Smartphone, Tablet oder E-Reader herunterladen.

HTTP://GO.MARCOPOLO.DE/KAP

6 INSIDER-TIPPS
Von allen Insider-Tipps finden Sie hier die 15 besten

8 BEST OF …
- Tolle Orte zum Nulltarif
- Typisch Kapstadt
- Schön, auch wenn es regnet
- Entspannt zurücklehnen

12 AUFTAKT
Entdecken Sie Kapstadt!

18 IM TREND
In Kapstadt gibt es viel Neues zu entdecken

20 FAKTEN, MENSCHEN & NEWS
Hintergrundinformationen zu Kapstadt

26 SEHENSWERTES
28 Südliche City Bowl 33 Nördliche City Bowl 37 Waterfront, Bo-Kaap & Green Point 41 Außerdem Sehenswert 48 Ausflüge

54 ESSEN & TRINKEN
Die besten Adressen

64 EINKAUFEN
Shoppingspaß und Bummelfreuden

72 AM ABEND
Wohin ausgehen?

SYMBOLE

 Insider-Tipp

★ Highlight

 Best of …

 Schöne Aussicht

 Grün & fair: für ökologische oder faire Aspekte

(*) kostenpflichtige Telefonnummer

PREISKATEGORIEN HOTELS

€€€ über 150 Euro

€€ 70–150 Euro

€ bis 70 Euro

Die Preise gelten für eine Übernachtung von zwei Personen im Doppelzimmer inklusive Frühstück

PREISKATEGORIEN RESTAURANTS

€€€ über 17 Euro

€€ 11–17 Euro

€ bis 11 Euro

Die Preise gelten für ein Essen mit Vorspeise, Hauptgericht und Dessert ohne Getränke

INHALT

80 ÜBERNACHTEN
Adressen von günstig bis luxuriös

88 ERLEBNISTOUREN
88 Kapstadt perfekt im Überblick 92 Gärten und Geschichte in der Innenstadt 95 Observatory und Woodstock: Gentrification live 98 Beachfront Promenade: Spaziergang am Meer

100 MIT KINDERN UNTERWEGS
Die besten Ideen für Kinder

102 GARDEN ROUTE

110 WINE LANDS

118 EVENTS, FESTE & MEHR
Alle Termine auf einen Blick

120 LINKS, BLOGS, APPS & CO.
Zur Vorbereitung und vor Ort

122 PRAKTISCHE HINWEISE
Von A bis Z

128 SPRACHFÜHRER

132 CITYATLAS & STRASSENREGISTER

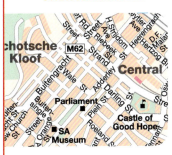

146 REGISTER & IMPRESSUM

148 BLOSS NICHT!

GUT ZU WISSEN
Sicherer ist sicherer → S. 36
Der weiße Elefant → S. 45
Richtig fit! → S. 46
Entspannen & genießen → S. 50
Bücher & Filme → S. 53
Gourmettempel → S. 58
Spezialitäten → S. 62
Fußball oder Rugby? → S. 76
Luxushotels → S. 84
Whale Watching → S. 106
Arrest in Paarl → S. 117
Feiertage → S. 119

KARTEN IM BAND
(134 A1) Seitenzahlen und Koordinaten verweisen auf den Cityatlas
(0) Ort/Adresse liegt außerhalb des Kartenausschnitts
Es sind auch die Objekte mit Koordinaten versehen, die nicht im Cityatlas stehen
(U A1) Koordinaten für die Karte der Kap-Halbinsel im hinteren Umschlag

(🗺 A–B 2–3) verweist auf die herausnehmbare Faltkarte
(🗺 a–b 2–3) verweist auf die Zusatzkarte auf der Faltkarte

UMSCHLAG VORN:
Die wichtigsten Highlights

UMSCHLAG HINTEN:
Karten Kap-Halbinsel, Winegrowing-area, Stellenbosch

Die besten MARCO POLO Insider-Tipps

Von allen Insider-Tipps finden Sie hier die 15 besten

INSIDER TIPP Schwebendes Verfahren

Bei einem atemberaubenden *Paragliding-Tandemsprung* vom Lion's Head gleiten Sie wie schwerelos über die Villen von Camps Bay. Erst aus der Luft wird die Vielfalt und Schönheit des Kaps wirklich deutlich (Foto re.) → S. 44

INSIDER TIPP Das andere Kapstadt

Auf einer Tour durch die Townships erleben Sie die Herzlichkeit der Menschen, die abseits des Tafelbergs leben. Fahren Sie Samstagnachmittag zu *Mzoli's Place* nach Gugulethu, wo Touristen zusammen mit Bewohnern des Townships feiern, dazu gibt es das ein oder andere Bier → S. 57

INSIDER TIPP Konzert im Garten

Sonntags wird der *Botanische Garten* von Kirstenbosch zur Konzertbühne, auf der sich die besten Bands Südafrikas, aber auch das Philharmonie-Orchester von Kapstadt präsentieren (Foto o.) → S. 43

INSIDER TIPP Fleisch und Wein

Eine hippe Weinbar vermutet man nicht zwingend in einer Metzgerei. Im *Publik* funktioniert die verrückte Kombination → S. 75

INSIDER TIPP Allein am Atlantik

Ein Marsch durch die Wildnis führt an den bezaubernden Strand der *Sandy Bay*. Übertriebene Scheu sollten Sie dabei nicht haben: Der Strand ist das inoffizielle FKK-Paradies Kapstadts → S. 45

INSIDER TIPP Herzensangelegenheit

Besichtigen Sie im *The Heart of Cape Town Museum* den Operationssaal, in dem Christiaan Barnard 1967 die erste erfolgreiche Herztransplantation vornahm → S. 47

INSIDER TIPP Dem Himmel so nah

Nirgends schmecken Cocktails besser als auf den Dächern der Innenstadt. Unerreicht ist dabei die Bar *Tjing Tjing*, die im Winter zudem mit einem Kamin punktet → S. 75

INSIDER TIPP **Delikatessen im Fischerdorf**
Bei Wein und Austern treffen sich Kapstädter aller Alters- und Gesellschaftsklassen am Wochenende am *Bay Harbour Market* in Hout Bay. Es gibt Livemusik und regionale Spezialitäten → S. 69

INSIDER TIPP **Ein Traum von einem Tafelberg**
Im Guesthouse *Bergzicht* liegen Sie mit direktem Blick auf das Bergmassiv im Pool → S. 83

INSIDER TIPP **In Kalk Bay den Tag verbummeln**
Entspannter als in diesem Fischerdorf geht es an wenigen Orten zu. Schauen Sie den Walen und Delphinen zu, am besten bei einem Glas Wein → S. 50

INSIDER TIPP **Surfen in Muizenberg**
Nirgends lernt man besser surfen als in *Muizenberg*. Gehen Sie in eines der Geschäfte, und leihen Sie sich Anzug und Brett aus! → S. 49

INSIDER TIPP **Beim Waldmeisterkoch**
Kulinarischer Pause auf der Garden Route: edles Menü im Naturreservat *Phantom Forest* bei Knysna – mit Blick auf die Lagune → S. 107

INSIDER TIPP **Kunst im Kommen**
Der Stadtteil Woodstock wird von der Galerien- und Kreativszene erobert. Bestes Beispiel für diesen Trend ist die *Bell-Roberts Contemporary Art Gallery* → S. 68

INSIDER TIPP **Say Cheese!**
Setzen Sie sich auf der Weinfarm *Fairview* mit einer Käseplatte in die Sonne. Und wer für die Rückfahrt nach Kapstadt Proviant braucht, findet eine tolle Auswahl im kleinen Laden des Anwesens → S. 114

INSIDER TIPP **Bunte Party**
An wenigen Orten wird so ausgelassen gefeiert wie in der Schwulenbar *Beefcakes*. Das legendäre *Bitchy Bingo* gehört auch unter Heteros zu den Party-Institutionen. Gute Burger gibt's auch → S. 78

BEST OF ...

TOLLE ORTE ZUM NULLTARIF
Neues entdecken und den Geldbeutel schonen

SPAREN

🟢 *Leckereien probieren*
Samstags bieten Lebensmittelhändler ihre Waren auf dem *Neighbourgoods Market* in Woodstock an. Die meisten verteilen kostenlose Proben. Käse, Biltong und Flammkuchen schmecken so gut, dass meist doch der Geldbeutel gezückt wird. Muss aber nicht ... → **S. 70**

🟢 *Pasta und Kino*
Nicht ganz zum Nulltarif, aber fast geschenkt: Im *Labia*, dem ältesten und schönsten Kino Kapstadts, laufen Filme abseits der Blockbuster. An Montagen und Dienstagen gibt es Pasta im benachbarten *Societi-Bistro* sowie ein Kinoticket zusammen für nur 45 Rand (ca. 3 Euro) → **S. 77**

🟢 *Literatur für alle*
Die *Book Lounge* in der Innenstadt organisiert an Mittwochnachmittagen Lesungen mit führenden Autoren Südafrikas. Der Eintritt ist frei, ein Glas Wein oder Orangensaft gibt's häufig gratis dazu → **S. 66**

🟢 *Kunst satt*
Kapstadt ist eine Spielwiese der Künstler, und die Galerien stehen Besuchern offen. Treten Sie ein, und lassen Sie sich von den Galeristen die Werke erklären. Besonders gut geht das in der *Bree Street*. An jedem ersten Donnerstag im Monat ist hier auch abends geöffnet – kostenloser Wein oft inklusive (Foto) → **S. 72**

🟢 *Fitnessprogramm am Strand*
Warum fürs Fitness-Studio bezahlen, wenn man sich im Sand auch umsonst bewegen kann? Am Strand von Camps Bay baut am Wochenende immer jemand ein Beachvolleyballnetz auf. Einfach hingehen, nett fragen und mitspielen → **S. 18, 42**

🟢 *Ins Freibad*
Das Meerwasser ist kalt, die Wellen sind hoch. Schwimmen kann man trotzdem gut. Um *Kalk Bay* und *Simon's Town* finden Sie *Tide Pools*, Becken, die ins Meer eingelassen sind. Hier heizt sich das Wasser durch die Sonne auf → **S. 50**

🔵🟠🟡🟢 Diese Punkte zeichnen in den folgenden Kapiteln die Best-of-Hinweise aus

TYPISCH KAPSTADT
Das erleben Sie nur hier

● *Auf den Tafelberg*
Er thront majestätisch in der Mitte der Stadt, als ob er wüsste, dass er millionenfach fotografiert und bestaunt wird: der *Tafelberg*. Sportliche Besucher besteigen ihn zu Fuß, praktisch ist aber auch die Seilbahn. Auf dem Plateau bietet sich dann eine atemberaubende Aussicht über Stadt und Küste (Foto) → S. 46

● *Weingüter*
An der *Constantia Wine Route* liegt eine ganze Reihe berühmter Weingüter. Das älteste von ihnen, *Groot Constantia,* geht auf das 17. Jh. zurück. Die Besitzer pflegen die historische Atmosphäre, managen das Anwesen aber vorbildlich modern – mit Weinproben, guten Restaurants und Konzerten → S. 42

● *Nelson Mandelas Gefängnis*
Auf der berühmten Gefängnisinsel *Robben Island* verbrachte Nelson Mandela 18 seiner 27 Jahre Gefangenschaft. Übergesetzt wird mit alten Booten, auf denen einst Häftlinge transportiert wurden – und geleitet werden die Touren von ehemaligen Gefangenen → S. 40

● *Entertainment am Hafen*
Im Vergnügungs- und Shoppingzentrum *Victoria & Alfred Waterfront* gibt es (fast) nichts, was es nicht gibt. Verbringen Sie möglichst viel Zeit an der Hafenfläche. Dort treten häufig sehenswerte Tanzgruppen auf, nebenbei können Sie das Treiben im Industriehafen beobachten → S. 40

● *Sundowner am Meer*
Kapstadt hat die schönsten Sonnenuntergänge der Welt. Und dazu gehört ein Sundowner: ein Cocktail mit Rum und Ananas. Es darf aber auch ein Glas Bier oder das Cidre-Getränk Savanna sein. Am schönsten ist das in der Restaurant-Bar *Azure* des Hotels Twelve Apostles in Camps Bay → S. 58

● *Epizentren des Nachtlebens*
Lange Zeit galt die *Long Street* mit ihren vielen Clubs, Bars und Kneipen als das Partyzentrum der Stadt. Dort ist auch weiterhin eine Menge los, die wirklich angesagten Läden finden Sie aber inzwischen zwei Parallelstraßen weiter in der *Bree Street* → S. 31, 72

BEST OF ...

SCHÖN, AUCH WENN ES REGNET
Aktivitäten, die Laune machen

REGEN

● *Golf in der Halle*
Echte Golfer mögen die Nase rümpfen, aber bei Regen ist *Cave Golf* an der V & A Waterfront eine gute Alternative. Der 18-Loch-Kurs bietet die perfekte Ablenkung für die Familie, wenn die Sonne mal eine Auszeit nehmen sollte → S. 100

● *Weinprobe*
Für eine *Weinprobe* ist das Wetter unwichtig. Auf dem Gut des Ex-Weltranglisten-Ersten im Golf, Ernie Els, probieren Sie sich durch sieben edle Tropfen. Und wenn sich der Regen verzieht, genießen Sie von der Terrasse die tolle Aussicht über die Wine Lands → S. 116

● *Cityrock*
Warum nicht mal einen Regentag für eine Kletterpartie nutzen? Gehen Sie dafür ins *CityROCK Indoor Climbing Centre,* die mit 400 m² Kletterfläche größte Kletterhalle des Landes → S. 46

● *Unter Wasser im Trockenen*
Das *Two Oceans Aquarium* zeigt eine faszinierende Unterwasserwelt, bei der Sie selbst an einem verregneten Sommertag das nasse Element wieder zu schätzen lernen (Foto) → S. 40

● *In Jogis Kabine*
Machen Sie eine Führung durchs *Stadion in Green Point* mit, und besuchen Sie die Katakomben und Umkleiden, in denen sich die deutsche Mannschaft bei der WM 2010 auf das Viertelfinale gegen Argentinien (4:0) vorbereitete → S. 40

● *Ins Museum*
Es regnet, jetzt nicht ärgern. In Kapstadt finden Sie eine geballte Ladung Kultur, vieles davon überdacht. Besuchen Sie eines der hervorragenden Museen, zum Beispiel das *District Six Museum* → S. 34

ENTSPANNT ZURÜCKLEHNEN
Durchatmen, genießen und verwöhnen lassen

● *Historisch baden*
Wer die Türen des hellblauen Gebäudes der *Long Street Baths* betritt, der fühlt sich wie im 19. Jh. In den (technisch modernisierten) Thermen lässt sich ein Tag wunderbar verbringen. Und zu den Restaurants der Long und Kloof Street sind es danach nur ein paar Meter → S. 127

● *Die Kraft der Kerze*
Das *Equinox Spa* ist berühmt für seine „Schwedische Massage". Lassen Sie sich mit dem Wachs einer Kerze massieren, das einen hohen Soja-Anteil hat. Der entspannende Effekt ist erstaunlich (Foto) → S. 50

● *Entspannung ohne Kinder*
Im *Librisa-Spa* des *Mount Nelson Hotels* gibt es Dutzende Angebote – und einen eigenen Bereich für Kinder, die kostenlos betreut werden, damit die Eltern in Ruhe relaxen können → S. 84

● *Tee zur Massage*
Das *Winchester Mansions Hotel* in Sea Point hat einen wunderbaren Spa-Bereich, in dem Sie sich nach Massagen oder sonstigen Anwendungen Tees und gesunde Menüs servieren lassen können → S. 83

● *Afrikanische Entspannungstechniken*
Auf afrikanische Massagen spezialisiert ist das Spa im *Cape Grace* – das bunte Ambiente ist perfekt darauf abgestimmt → S. 84

● *Float Tank*
Am besten erholen Sie sich von einem Stadtbummel, wenn Sie Ihre müden Knochen eine Zeit lang nicht mehr spüren. In den Floating-Tanks des *Medi-Spa* können Sie schweben, bis sich Ihr Körper regeneriert hat → S. 127

● *Mit den Händen sehen*
Ihr Augenlicht hat *Eslinah Magemgenene* verloren, nicht jedoch das Gefühl in den Händen. Nehmen Sie sich die Zeit, und lassen Sie sich von der blinden Masseurin einmal ausgiebig durchkneten – eine wahre Wohltat! → S. 50

ENTDECKEN SIE KAPSTADT!

Das Ritual wiederholt sich jedes Jahr am ersten Adventssonntag: Die Kapstädter strömen in Scharen in die Adderley Street, eine vierspurige Straße, die an diesem Nachmittag für den Verkehr gesperrt ist. Auf der aufgebauten Bühne treten südafrikanische Popstars und Tänzer auf, um den Menschen die Wartezeit auf den großen Moment nach Einbruch der Dunkelheit zu verkürzen. Dann wird die Weihnachtsbeleuchtung über der Straße angeknipst. Kurz bevor der Moderator beginnt, die Sekunden herunterzuzählen, schreit er in sein Mikrophon: *„Ist Kapstadt nicht die schönste Stadt der Welt?"* – und Zehntausende Kapstädter reißen die Arme hoch und bejubeln euphorisch ihre Stadt.

In Momenten wie diesen spürt man, wie stolz die Kapstädter auf ihre Stadt sind. Sie nennen sie liebevoll *Mother City* – die Mutter aller Städte. Diesen Namen verdankt Kapstadt der Tatsache, dass sie die älteste Stadt des Landes ist: Vor über 300 Jahren hatten die ersten europäischen Siedler an diesem herrlichen Fleckchen Erde ihr Lager aufgeschlagen. Und sie waren damals wahrscheinlich genauso verzaubert von der natürlichen Pracht zwischen Tafelberg und dem Ozean wie jeder, der heute zu Besuch kommt.

Bild: Tafelberg

Straßencafés und Verkaufsstände beleben die Church Street in Central Cape Town

Im Zentrum der heutigen Drei-Millionen-Metropole liegt das mächtige, 1086 m hohe *Tafelberg-Massiv*, in dessen Schatten es sich die Innenstadt gemütlich macht. Um den Stadtkern, in dem die Hochhäuser des Geschäftsviertels neben kleinen, viktorianischen Villen stehen, reihen sich viele, ganz unterschiedliche Stadtteile zu beiden Seiten um das Felsmassiv, das vom Tafelberg aus in verschiedene Bergketten übergeht. Dazu gehört das schicke Camps Bay zur einen Seite genauso wie das Studentenviertel Observatory zur anderen. Und erst, wenn man vom Tafelberg aus über die weite Fläche blickt, die sich südwärts bis zum Horizont erstreckt, bekommt man einen Eindruck davon, wie groß diese Stadt ist: 2 Mio. Menschen, das ist über die Hälfte der Bevölkerung, leben nicht in unmittelbarer Nähe zu Bergen und Atlantik, sondern in den Blechhütten und Häusern der *Townships*. Die Halbinsel, an deren Kopf Kapstadt liegt, reicht bis zum Kap der Guten Hoffnung. Auf ihr wechseln sich idyllische Örtchen direkt am Meer mit rauer, scheinbar unberührter Natur ab.

Was Kapstadt und seine Umgebung so einzigartig macht, ist die *verschwenderische Schönheit*, mit der die Natur die Südwestspitze Afrikas beschenkt hat. In den Bergen kann man nicht nur tolle Wanderungen unternehmen, sondern auch Ausblicke genießen, die man andernorts nur im Flugzeug kurz vor der Landung erlebt. Der *Atlantik* spült sein klirrend kaltes Wasser an die Strände, von denen es hier so viele gibt, dass sich jeder dort in den Sand betten kann, wo er sich am wohlsten fühlt: In Clifton und Camps Bay liegen diejenigen, die ihre neu erworbene Bräune anschlie-

AUFTAKT

ßend in einem der *Szenecafés* an der Promenade von Camps Bay zur Schau stellen. Etwas weiter außerhalb, an der False Bay, treffen sich Großfamilien gern zum Picknick und lassen die Kleinen Fußball spielen. Und über allem steht die Sonne, die gegen sechs Uhr aufgeht, abends in spektakulären Untergängen in den Ozean eintaucht und im Sommer nur selten von Wolken verdeckt wird.

Die Kapstädter lassen sich von so viel Schönheit gerne anstecken. Ihre *Freundlichkeit* ist genauso unerschütterlich wie der Tafelberg. Auf ihre Gemütlichkeit sind die Kapstädter aber mindestens so stolz wie auf ihren Charme. Mit einem Schmunzeln erzählen sie, dass die Stadt eigentlich deshalb *Mother City* heiße, weil hier alles mindestens neun Monate brauche, bis es fertig ist. Diese Gemütlichkeit ist aber nicht der Grund, warum Kapstadt im zweiten Jahrzehnt nach den ersten demokratischen Wahlen 1994 noch immer vor immensen Herausforderungen steht. Das Erbe der *Apartheid* lastet auf der Stadt. Politik und Verwaltung sind mit Problemen konfrontiert, die teilweise unlösbar scheinen. Die offenbaren sich vor allem darin, dass eine reiche Minderheit auf eine große Mehrheit prallt, die mit den Folgen extremer Armut zurechtkommen muss. Die HIV/Aids-Pandemie etwa, deren Epizentrum in Südafrika liegt, trifft vor allem die Armen in den Townships. Dass *Nelson Mandela* (1918–2013) nach seiner Freilassung im Februar 1990 auf den Balkon der City Hall trat, um zu Tausenden jubelnder Kapstädter zu sprechen,

Zwischen Weltstadt und Township

war der erste Schritt für den Aufbau einer neuen Demokratie. Doch bis die Kapstädter tatsächlich zu der *Regenbogennation* zusammenwachsen, wie sie die bunte Flagge des Landes symbolisiert, wird noch einige Zeit vergehen. Denn bislang bleiben die einzelnen Bevölkerungsgruppen nach wie vor weitgehend unter sich. Die sogenannten Afrikaaner, die Nachfahren der holländischen Einwanderer, und die Nachkommen der Briten leben genauso hier wie Schwarze und die sogenannten *coloureds,* deren Wurzeln in den Verbindungen zwischen Europäern und Sklaven aus Afrika und Asien liegen. Viele erhofften sich von der Fußballweltmeisterschaft 2010 einen gewaltigen Schub zur Lösung der sozialen Probleme. Doch das Turnier brachte weder die gewünschte Besucherzahl noch im großen Umfang neue Arbeitsplätze. Gleichzeitig gingen durch die Folgen der *Weltwirtschaftskrise* des Jahres 2008 Hunderttausende

Jobs verloren – besonders in der Minenindustrie, dem Rückgrat der südafrikanischen Wirtschaft. Überdurchschnittlich häufig sind Jugendliche und junge Erwachsene von der Arbeitslosigkeit betroffen. Sie protestieren zunehmend gegen die Politik der Regierungspartei des Afrikanischen Nationalkongresses (ANC).

Die Holländer gründeten Kapstadt

Um zu verstehen, warum im Schatten des Tafelbergs so viele unterschiedliche Bevölkerungsgruppen leben, genügt ein Blick in die über 300-jährige Stadtgeschichte. Die Gründer waren *holländische Seefahrer*, die hier eine Versorgungsstation für die „Vereenigde Oost-Indische Compagnie" (VOC) einrichteten. Die VOC trieb Handel zwischen den Niederlanden und Südostasien. Im 17. und 18. Jh. machten die Holländer, angeführt von den Gouverneuren Jan van Riebeeck und Simon van der Stel, aus der Zwischenstation eine *florierende Kolonie*. Vom Wohlstand profitierten allerdings nicht alle gleichermaßen: Die schwarze Urbevölkerung wurde in dieser Zeit genauso versklavt wie die aus Südostasien eingeschifften Arbeiter. Zum Ende des 18. Jhs. sank der Stern der holländischen Schifffahrt, die VOC ging bankrott, und die Briten übernahmen das Kommando. Zu dieser Zeit war Kapstadt eine blühende, wenn auch noch unbedeutende Provinzstadt. Als Mitte des 19. Jhs. in Kimberley, auf halber Strecke zwischen Kapstadt und Johannesburg, *das größte Diamantenvorkommen der Welt* und später um Johannesburg Gold entdeckt wurde, entwickelte sich Kapstadt mit seinem Hafen zu einem bedeutenden Umschlagplatz. 1910 wurde Kapstadt schließlich zur legislativen *Hauptstadt* der von den Briten gegründeten *Union of South Africa* ernannt, und noch immer tagt das südafrikanische Parlament in Kapstadt in Kammern, deren Aussehen dem ihrer britischen Vorbilder nachempfunden ist.

Die Zukunft – eine Herausforderung

Die Apartheidsära des 20. Jhs. zementierte die sozialen Strukturen der Stadt. Der *Group Area Act* aus dem Jahr 1950 galt als Rechtfertigung für die Vertreibung der Schwarzen und *coloureds* aus vielen Gebieten der Innenstadt. Die Weißen residierten hauptsächlich in den teuren und herausgeputzten Gegenden am Meer oder in den ruhigen Vororten. Für etwa die Hälfte der Bevölkerung blieben nur die Baracken- und Blechhüttensiedlungen außerhalb der Stadt. Die *sozialen Unterschiede* Südafrikas – übrigens die größten weltweit – sind in Kapstadt noch immer deutlich zu sehen. In Hout Bay etwa sind schicke Anwesen nur einen Steinwurf von dem Township Imizamo Yethu entfernt. In dem Armenviertel leben rund 18 000 Menschen – ein Vielfaches dessen, was bei der Gründung der Siedlung Anfang der 1990er-Jahre geplant war. Aufgrund der laxen Einwanderungspolitik Südafrikas sind zudem mehrere Millionen *illegaler Flüchtlinge* aus Ländern wie Simbabwe und Mosambik im Land. Sie konkurrieren mit den Südafrikanern um Niedriglohnjobs, was die Gehälter weiter drückt und immer wieder für Spannungen sorgt. Die Folgen dieser Armut sind nicht mehr so drastisch zu sehen wie noch vor einigen Jahren. Das liegt nicht daran, dass die Armut merklich gesunken wäre, sondern dass Kapstadt weit rigoroser als andere südafrikanische Großstädte gegen Bettler vorgeht.

AUFTAKT

Weiße Südafrikaner haben die Tendenz, die *Zukunft des Landes* pessimistischer als angemessen einzuschätzen. Auch wenn die Politik von Korruption geprägt sein mag: Fakt ist, dass es den meisten Weißen im Land noch immer vergleichsweise gut geht. Über siebzig Prozent der Führungspositionen sind in weißer Hand, selbst Mittelstandsfamilien können sich eine tägliche Haushaltshilfe leisten, die oft nicht mehr als zwei Euro pro Stunde verdient. Die *soziale Schere zwischen Arm und Reich* ist seit dem Ende der Apartheid eher noch weiter auseinandergegangen. Das wird sich erst ändern, wenn das Bildungssystem besser wird. Südafrika gibt über sieben Prozent seines Bruttoinlandsprodukts für Bildung aus, mehr als jedes andere Land des Kontinents – nur in Ergebnissen schlägt sich das bislang noch nicht nieder. So wird es noch

Der Blick vom Tafelberg auf den Lion's Head und die Stadt ist atemberaubend

Jahre dauern, bis sich der Traum von der Regenbogennation, die Erzbischof Desmond Tutu einst beschwor, erfüllen wird.

Eine Frage, die sich vor einer Reise nach Kapstadt vermutlich jeder stellt, ist die nach der eigenen *Sicherheit*. Wer sich an bestimmte Regeln hält, erlebt in Südafrikas Metropole eine ebenso schöne wie sichere Zeit. Die wichtigste Regel lautet: Übertriebene Ängstlichkeit ist genauso unangebracht wie zu großer Leichtsinn (s. auch Kasten „Sicherer ist sicherer", S. 36). So können Sie sich auf eine Stadt einlassen, deren Schönheit Sie genauso einnehmen wird wie der *Optimismus ihrer Bewohner*, von dem man sich gerne anstecken lässt. Und wenn Sie dann am Ende Ihres Aufenthalts aus dem Flugzeugfenster einen letzten Blick auf die Stadt und den Tafelberg werfen, bevor der Flieger wieder Kurs auf Europa nimmt, werden sie nachvollziehen können, warum die Kapstädter so stolz darauf sind, an der Südwestspitze Afrikas zu leben.

IM TREND

1 Könige des Strandes

Beachvolleyball 🟢 Beachvolleyballnetze stehen vor allem an den Stränden von Camps Bay und Clifton – als Einladung ans sportliche Strandvolk. Im Januar und Februar duellieren sich hier häufig Profis aus aller Welt, sonst zunehmend Hobbysportler, denen man sich für ein Match anschließen kann. Wer den Sport von Grund auf lernen will, der wendet sich an den Ex-Profi Jerome Fredericks *(Tel. 083 3 57 47 40 | www.beachbumsvolleyball.co.za)*. Gruppenunterricht am Wochenende ab 50 Rand/Pers.

Mitternachtsimbiss 2

Picknick Vollmondpicknicks sind der letzte Schrei in Kapstadt. Dazu trifft man sich mit Leckereien und Decke auf dem Lion's Head. Wer die Organisation anderen überlassen will, wendet sich an *Taal Museum (www.taalmuseum.co.za) (Foto)* in Paarl. Selbst den Picknickkorb können Sie hier vorbestellen. Und das *Dirtopia Trail Centre (R 44 | Delvera Farm Stellenbosch | www.dirtopia.co.za)* organisiert Sundowner-Picknicks auf dem Tafelberg oder dem Klapmutskop.

Klassiker open air

3 ***Freiluftkino*** Unvergessliche Filme wie „Breakfast at Tiffany's" oder Alfred Hitchcocks „Psycho" finden den angemessenen Rahmen von November bis Ende April im Freiluftkino in den *Kirstenbosch Botanical Gardens* (Gate 2, Buchungen und Programm unter *www.thegalileo.co.za*). Oft sind die Vorstellungen ausverkauft, also lieber online bestellen, als auf Tickets am Eingang zu spekulieren. Kaum weniger großartig sind Vorstellungen an der *Waterfront (Do | Croquet Lawn)* und am *Hillcrest Quarry (Di | Durbanville Wine Valley)*. Tickets ab 79 Rand. Decken, Bier und Snacks kosten extra.

In Kapstadt gibt es viel Neues zu entdecken. Das Spannendste auf diesen Seiten

Vanity Fair

Märkte Die Kapstädter sind ein geselliges Volk, das sich nach dem Motto „Sehen und gesehen werden" gerne öffentlich präsentiert – entsprechend populär sind die Märkte. Davon gibt es inzwischen Dutzende, einen guten Überbick liefert *www.capemarkets.co.za*. Besonders zu empfehlen ist der *Bay Harbour Market* (s. S. 69) in Hout Bay (Foto). An Freitagabenden gibt's dort ab 19 Uhr Livemusik, es wird gegessen und getrunken, und alles fühlt sich noch nicht so kommerziell an wie beim berühmten, aber leicht überstylten Samstagsvormittagsmarkt an der Old Biscuit Mill in Woodstock.

Going to Woodstock

The Place to be Das ist in Kapstadt derzeit eindeutig das aufstrebende Künstlerviertel Woodstock. Wo früher Waren gelagert und hergestellt wurden, gibt es jetzt Lokale wie die *Woodstock Lounge & Bar (70 Roodebloem Road)*. Dort spielen regelmäßig Livebands, es gibt teuflisch gute Cocktails und leckeres Barfood. Ihren Hunger stillen die Trendsetter in Kapstadts populärstem Feinschmeckerrestaurant *The Test Kitchen (The Old Biscuit Mill | 375 Albert Road | Tel. 02 14 47 23 37 | www.thetestkitchen.co.za) (Foto)*. Bestellen Sie Ihren Tisch bitte Monate (!) im Voraus. Erschwinglicher und eher verfügbar ist der *Pot Luck Club (Tel. 02 14 47 08 04 | www.thepotluckclub.co.za)* auf dem gleichen Grundstück. Die *Old Biscuit Mill* ist wegen der Mischung aus Gastronomie, Shops und Ateliers so oder so einen Besuch wert, vor allem samstags, wenn der *Old Biscuit Mill Market* (s. o.) abgehalten wird.

FAKTEN, MENSCHEN & NEWS

BABOONS
Baboons, Paviane, leben überall auf der Kaphalbinsel, und ein Besuch am Kap der Guten Hoffnung ist nicht zuletzt deshalb so reizvoll, weil man dort mit ein bisschen Glück Pavianherden in freier Wildbahn zu Gesicht bekommt. Mit ein bisschen Pech plündern die dreisten Affen allerdings die Picknickkörbe, weshalb es ratsam ist, Lebensmittel geruchssicher zu verpacken.

BILTONG
Wenn gerade kein Grill in der Nähe steht, dann isst man halt Biltong – im Stadion, bei der Arbeit, in der Kneipe, überall. Das sind kalte getrocknete Fleischstreifen, die in etwa die Konsistenz von Schuhleder haben und trotzdem ziemlich gut schmecken. In Südafrika gibt es Biltong an jeder Ecke, sogar spezialisierte Läden, in denen dann riesige Fleischstücke an der Wand hängen. Ein Kulturerbe: Schon vor Jahrhunderten trockneten burische Pioniere ihr Fleisch in der Sonne und reicherten es mit Essig, Salz und Koriander an. Die Produktion ist übrigens inzwischen hygienischer als vor einigen Jahrhunderten. Damals legten Hirten Wildfleisch unter die Sättel ihrer Pferde. Die Bewegung machte das Fleisch zarter, der Schweiß des Tieres würzte es.

BRAAI
Braai ist Afrikaans und bedeutet „grillen" – die absolute Lieblingsbeschäftigung der Kapstädter. Von Würst-

Von diebischen Affen und einem windigen Doktor: Nützliches, Wissenswertes und Nettes aus der südafrikanischen Metropole am Kap

chen über alle Arten von Gemüse bis zu *crayfish* (eine Hummerart) und Straußensteaks landet alles auf dem Grill. Eine oft verwendete Höflichkeitsformel lautet dementsprechend: „Ihr müsst dringend mal zum Braai vorbeikommen!"

CAPE DOCTOR

In den Sommermonaten – also von Dezember bis März – weht in Kapstadt häufig ein starker Südostwind, der die Stadtluft reinigt und deshalb *Cape Doctor* genannt wird. Anschließend steigt er auf und legt dem Tafelberg die berühmte Wolken-Tischdecke auf. Gelegentlich weht der Wind so stark, dass er vielen das Nervenkostüm blank bläst.

COLOUREDS

Während in Südafrika insgesamt Schwarze mit drei Vierteln den größten Teil der Bevölkerung bilden, dominieren am Kap mit über 50 Prozent die sogenannten *coloureds*. Zu fast gleichen Teilen besteht die andere Hälfte aus Weißen und Schwarzen. Die *coloureds* sind zum einen Nachfahren von Verbindungen Weißer und Khoisan (der ursprünglichen Bewohner des Landes), zum anderen sind es die meist muslimischen Nachfahren von Sklaven aus dem asiatischen Raum, die Kapmalaien. Zu Apartheidszeiten wurden alle Südafrikaner, die weder afrikanisch noch weiß aussahen, als *coloured* klassifiziert. Viele Familien wurden seinerzeit auseinandergerissen, weil die einzelnen Mitglieder unterschiedlichen Bevölkerungsgruppen zugeordnet wurden.

politischen Geschehens. Die Szene tummelt sich besonders in den Bars um die Long Street (aktuelle Veranstaltungen: *www.facebook.com/comedyonlong*) und hat einen prominenten Export hervorgebracht: In den USA moderiert der Südafrikaner Trevor Noah die mittlerweile legendäre „Daily Show".

Im District Six Museum wird die Geschichte des ausgelöschten Stadtteils dokumentiert

COMEDY

Wer Südafrika verstehen will, muss den Humor des Landes verstehen. Schon zu Apartheidszeiten zeigten Komiker wie Pieter-Dirk Uys die Absurdität des Regimes auf. Und auch heute gehören die Satiriker zu wichtigen Kommentatoren des

DISA-PARK-TÜRME

Allseits verhasst sind die drei sogenannten Disa-Park-Türme, die die sonst unverbaute Sicht auf das Massiv des Devil's Peak verschandeln, der an den Tafelberg angrenzt. Weil die Stadtväter den Blick auf das Bergpanorama schützen wollten, wurde jede Bebauung auf eine bestimmte Höhe begrenzt. In den 1960er-Jahren entdeckten die Erbauer der Türme aber eine Gesetzeslücke, die es erlaubte, die Türme im Stadtteil Vredehoek diesseits der Bebauungsgrenze so

FAKTEN, MENSCHEN & NEWS

hoch zu ziehen, dass sie in das Panorama hineinragen. Die einzigen Freunde der Türme sind wohl deren Bewohner, die aus ihren Wohnungen einen tollen Blick genießen. Die Haltung aller anderen Kapstädter offenbart sich in dem despektierlichen Spitznamen für diese Architektursünde: „Tampontürme".

DISTRICT SIX

Die größte Narbe aus den Jahrzehnten der Apartheidspolitik im Stadtbild ist *District Six,* eine verwucherte Brache mitten in der Stadt. Die 60 000 Bewohner des ehemals lebhaften Viertels wurden in den 1960er-Jahren in Townships zwangsumgesiedelt. Als Rechtfertigung dafür wurde der *Group Area Act* angeführt, ein Regierungserlass, der die regionale Trennung der Rassen festlegte. District Six wurde am 11. Februar 1966 zum Wohngebiet ausschließlich für Weiße erklärt, weil das multikulturelle Viertel nah am Zentrum den Autoritäten ein Dorn im Auge war. Die offizielle Begründung: Nur so könne man der Kriminalität Herr werden. Alle Wohnhäuser wurden abgerissen, nur ein paar Kirchen und Moscheen sind noch erhalten. Anschließend wurde das Viertel schönfärberisch in „Zonnebloem" (Sonnenblume) umbenannt, doch auch das änderte nichts daran, dass hier niemand mehr bauen wollte. Auch die meisten Weißen hatten die Auslöschung dieses Stadtteils abgelehnt. Inzwischen sind die ersten Vertriebenen mit ihren Familien wieder zurückgekehrt. Der Prozess des Wiederaufbaus wird allerdings noch lange dauern.

HOWZIT?

Planen Sie Zeit ein in Südafrika, für alles, auch für die Begrüßung, und sei es nur am Kiosk nebenan. Die meisten Jüngeren fragen: „How is it?" (Wie geht's?), im Slang wird das dann oft vernuschelt zu „Howzit?". Eine passende Antwort ist z. B.: „Not too bad" (Kann mich nicht beklagen). Und nachdem diese Höflichkeiten ausgetauscht sind, können Sie Ihr Anliegen vortragen. Aber so viel Zeit muss sein ...

JAN VAN HUNKS

Die Kapstädter neigen zum Aberglauben, und da dürfen natürlich Legenden um den Tafelberg nicht fehlen. Diese hier z. B.: Der Pirat Jan van Hunks ging im 18. Jh. in Kapstadt in den Ruhestand und verbrachte seine Tage Pfeife rauchend am Fuß des Berges. Eines Tages kam ein Fremder auf ihn zu und fragte, ob er etwas Tabak haben könnte. Die beiden Männer begannen einen tagelangen Wettbewerb im Rauchen. Van Hunk gewann, der Fremde stellte sich jedoch als der Teufel heraus und löste beide in Rauch auf, was die spektakulären Nebelschwaden um den Tafelberg erklärt.

KAAPSTAD

So heißt Kapstadt auf Afrikaans – diesen Namen liest man noch auf vielen Schildern, die in Richtung Stadt weisen. Afrikaans wurzelt im Niederländischen und war die zu Apartheidszeiten dominierende Sprache des Regimes. Heute ist sie nur noch eine der elf offiziellen Landessprachen – neben Englisch und verschiedenen afrikanischen Sprachen wie z. B. Xhosa und Zulu.

MINIBUSTAXI

Es hupt hektisch auf den Hauptverkehrsstraßen. Keine Sorge, Sie fahren aller Wahrscheinlichkeit nicht auf der falschen Seite oder verkehrtherum in eine Einbahnstraße. Die Minibustaxis, wie die Kleinbusse des Nahverkehrs genannt werden, versuchen mit ständiger Huperei potenzielle Fahrgäste auf sich aufmerksam zu machen – und setzen auch

Minibustaxi: Gute Laune hilft im täglichen Verkehrschaos

schon mal unvermittelt zur Vollbremsung an. Das Ganze funktioniert nach einem ziemlich geheimnisvollen System, indem mit den Fingern das Fahrtziel angezeigt wird – der Fahrer hält dann abrupt auf der Straße, man steigt ein. Die Fahrzeuge sind überdurchschnittlich oft in Unfälle verwickelt; Sie sollten sie, wenn überhaupt, nur am Tage benutzen – auch wenn dies die vielleicht authentischste Form einer Stadtrundfahrt ist.

PARK GUARDS

Sie sind das Sinnbild für den südafrikanischen Niedriglohnsektor: die Parkwächter in ihren gelben Westen. Zehntausende von ihnen weisen Autofahrer in ganz Südafrika auch in LKW-große Parklücken ein und versprechen selbst in den sichersten Gegenden, auf das Fahrzeug „wie auf den eigenen Augapfel" aufzupassen. Das tun sie dann meist auch, zudem sind sie bei der Stadt registriert. Fünf Rand „Parkgebühr" sind der übliche Lohn.

RADIO

Das Radio ist in vielen Teilen Afrikas noch immer das einflussreichste Medium. Auch Südafrika verfügt über gute Sender, die einem bei langen Autofahrten die Zeit vertreiben. Die besten DJs arbeiten bei *Five FM*. Ein gutes Gefühl über die Stimmung im Lande und die gesellschaftlichen Themen bekommt man bei Radio *702 Talk*. Die meisten Sender sind auch per Live Stream im Internet abrufbar, sodass Sie sich nach der Rückkehr ein Stück Südafrika-Feeling in den deutschen Alltag einbauen können.

SANGOMA

So manche rationale europäische Seele schmunzelt über den Glauben an übernatürliche Kräfte in Afrika. Genau genommen ist das nicht ganz fair, zumindest kümmern sich die Menschen in Südafrika weniger als in Deutschland darum, dass Freitag, der 13. angeblich Unglück bringt, während Scherben für das Gegenteil verantwortlich sein sollen.

FAKTEN, MENSCHEN & NEWS

Aber zugegeben – eine Spur extremer ist die Angelegenheit in Südafrika dann doch. 200 000 traditionelle Heiler hat das Land. Und diese *Sangomas* verdienen ihr Geld, indem sie für ihre Diagnose Kontakt zu den Ahnen aufnehmen. Viele Südafrikaner haben wenigstens einmal im Leben diese umstrittenen Dienste schon in Anspruch genommen, wobei man erwähnen sollte, dass viele Sangomas durchaus beachtliche Kenntnisse über die Heilkraft von Kräutern, Wurzeln und Pflanzen besitzen.

SHEBEEN
Der Begriff stammt aus dem Irischen *(sibín = Krüglein)*. Ursprünglich wurden damit die illegalen Bars bezeichnet, die während der Apartheid in den Townships ohne Lizenz betrieben wurden und in denen selbst gebrautes Bier ausgeschenkt wurde. Die meisten sind inzwischen legalisiert, doch der Name hat überlebt. Einige sind einen Besuch wert, allerdings nur nach Absprache mit einem guten Fremdenführer!

THE BIG ISSUE
Die meisten Bettler wurden kurz vor Beginn der Fußball-Weltmeisterschaft 2010 aus der Innenstadt vertrieben. Geduldet sind dagegen die Verkäufer der Obdachlosenzeitung „The Big Issue" (20 Rand), die sich durch den Verkauf einen kleinen Lebensunterhalt verdienen. Oft stehen sie an Ampeln, erkennbar an weißen Westen. Die Lektüre lohnt sich, neben Veranstaltungstipps gibt es Portraits von Künstlern und Sängern, sowie Dossiers und Reportagen zu gesellschaftlichen Themen. Kaufen!

UNVOLLENDET
Mitten in der Innenstadt ragt ein unfertiges Stück Highway über eine Kreuzung an der Buitengracht Street. Gebaut wird hier seit den 1960er-Jahren nicht mehr. Stattdessen finden gelegentlich Foto-Shootings und Filmdrehs statt. Das Schönste an der „Unvollendeten" sind die zahlreichen Mythen, die sie umranken: So sollen sich die Ingenieure verrechnet und sie so gebaut haben, dass sie ihr Gegenstück, 1 km weiter südlich, niemals treffen würde. Eine andere Variante: Ein Ladenbesitzer weigerte sich, sein Grundstück abzugeben, und blockierte so den Weiterbau. Version 3: Der Stadt soll während der Bauarbeiten das Geld ausgegangen sein. Am Wahrscheinlichsten: Die Planer haben den Brückenkopf prophylaktisch anlegen lassen, um bei Bedarf das Straßennetz dem steigenden Verkehrsaufkommen schnell anpassen zu können.

Ein Heiler (Sangoma) bei der Arbeit in Camps Bay

Bild: Victoria & Alfred Waterfront

SEHENSWERTES

WOHIN ZUERST?
Signal Hill (136 B3) *(E3)*: Wohl keine andere Weltstadt wird so von einer Bergkulisse beherrscht wie Kapstadt. Den schnellsten ersten Überblick über die Stadt bietet der Signal Hill. Die Aussicht ist nicht so gut wie vom Lion's Head, dafür ist Signal Hill bequem mit dem Auto erreichbar. Von hier aus fällt es leicht, sich eine Übersicht über die Anordnung der Stadtviertel zu verschaffen und mit Touristen oder Kapstädtern ins Gespräch zu kommen. Der Parkplatz auf der Spitze ist auch ein beliebter Treffpunkt für ein Picknick.

Der Tafelberg, der Ozean, all die Denkmäler und historischen Plätze – die zahlreichen Attraktionen, die Kapstadt zu bieten hat, sind eigentlich zu viel für eine einzige Stadt. Kapstadt hat nicht nur eine bewegte Geschichte, von der viele Museen und Gebäude zeugen, sondern auch zauberhafte Strände am Fuß der Berge.

Den besten Überblick über die Stadt hat man vom Tafelberg aus. Die Aussicht von dort oben ist überwältigend, daher sollte man sich für einen Ausflug auf den Tafelberg mindestens einen halben Tag Zeit nehmen. Auch um schon mal von oben zu begutachten, was man sich später aus der Nähe anschauen will. Wieder unten angelangt, stehen Sie nämlich vor einer schweren Entscheidung: Wohin geht es

Zwischen Bergen und Ozean: In Kapstadt wandern Sie durch die Geschichte Südafrikas und durch den Sand am Atlantik

jetzt zuerst? An den Strand? In eines der Cafés in den urbanen Subzentren wie dem Cape Quarter oder der Long Street? Oder lieber zur kulturellen Bildung ins Museum?

Von den Museen der Stadt sind vor allem diejenigen empfehlenswert, die von der Geschichte der Stadt erzählen. Das *District Six Museum* oder das *Jewish Museum* vermitteln einen interessanten Einblick in das Leben am Kap. Die Eintrittspreise sind generell günstig, sie liegen meistens bei etwa 30 Rand (ca. 2,10 Euro). Kunstliebhaber kommen vor allem auf ihre Kosten, wenn sie sich für Werke aus der Kolonialzeit interessieren. In unterschiedlichen Museen wie im *Castle of Good Hope* ist nicht nur die Kunst dieser Zeit, sondern mit ihr auch der Alltag vergangener Jahrhunderte am Kap ausgestellt. Auch holländische und flämische Meister finden Sie in Kapstadt. Schwieriger wird es für Freunde moderner und zeitgenössischer Kunst. Die einzige Adresse ist die *South African National Gallery*. Ein Besuch lohnt sich, obwohl

SÜDLICHE CITY BOWL

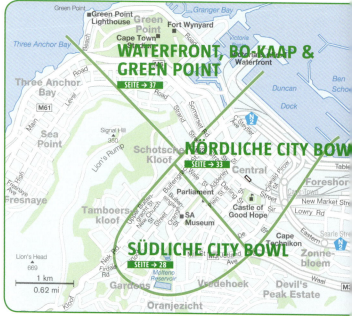

Die Karte zeigt die Einteilung der interessantesten Stadtviertel. Bei jedem Viertel finden Sie eine Detailkarte, in der alle beschriebenen Sehenswürdigkeiten mit einer Nummer verzeichnet sind

die ständige Sammlung eher bescheiden ist. Aber in gut gestalteten Wechselausstellungen sind immer zeitgenössische Arbeiten interessanter südafrikanischer Künstler zu sehen. Um einen guten Eindruck der lokalen Kunstszene zu bekommen, empfiehlt es sich in jedem Fall, einen Blick in die Galerien der Stadt zu werfen.

Unbedingt besuchen sollten Sie auch einmal eines der Townships der Stadt – immerhin lebt die Hälfte der Kapstädter hier. Eine ganze Reihe von Anbietern organisieren Touren in diese Wohnsiedlungen außerhalb des Zentrums, bei denen Sie nicht vom klimatisierten Bus aus auf die Dächer von Bretterbaracken schauen, sondern mit den Menschen zusammensitzen und ins Gespräch kommen.

SÜDLICHE CITY BOWL

Die Mulde unterhalb des Tafelbergs, die zur einen Seite vom in die Stadt ragenden Bergmassiv des Signal Hill und zur anderen Seite von Devil's Peak begrenzt wird, ist die sogenannte „City Bowl".

In ihr liegen die Stadtteile Gardens, Oranjezicht, Tamboerskloof und Vredehoek – Wohnviertel mit kleinen viktorianischen Villen, in denen viele schöne Guesthouses, Restaurants und Geschäfte zu finden sind. Im dem Tafelberg zugewandten Teil befindet sich die Feiermeile Long Street, der Stadtpark Company Gardens, die daran angrenzenden Regierungsge-

SEHENSWERTES

bäude und einige Museen. Wenn abends um fünf Uhr die Geschäfte schließen, werden bald darauf die Gehwege hochgeklappt. Mit Ausnahme der Long Street und der umliegenden Straßenzüge ist die Innenstadt deshalb nachts ausgestorben. Seit Jahren versuchen Initiativen der Privatwirtschaft zusammen mit den Planern der Stadt deshalb, die City mit Millionen-Investitionen abends wiederzubeleben.

■ CAPE TOWN HOLOCAUST CENTRE/ SOUTH AFRICAN JEWISH MUSEUM (137 D5–6) (*m* G5)

Seit eineinhalb Jahrhunderten prägen die aus allen Teilen der Welt gekommenen jüdischen Einwanderer und deren Nachfahren Südafrikas Kultur, Wirtschaft und Politik. Daher bietet die Geschichte der jüdischen Südafrikaner auch einen beeindruckenden Einblick in die Historie des Landes. Im *South African Jewish Museum,* das zu einem Teil in der ersten Synagoge Südafrikas von 1863 untergebracht ist, begegnen Sie außerdem Zeitzeugen, die in Videodokumentationen von ihrem Kampf gegen das Apartheidsregime mit Widerstandsorganisationen wie dem ANC erzählen. Die Ausstellung im *Cape Town Holocaust Centre* gegenüber behandelt die im Zweiten Weltkrieg begangenen Verbrechen. Zu sehen sind u. a. Bild- und Tonzeugnisse von Menschen, die den Holocaust überlebt haben. Bringen Sie Ihren Ausweis mit, Sie werden beim Sicherheits-Check am Eingang danach gefragt! *So–Do 10–17, Fr 10–14 Uhr | Eintritt 40 Rand | 88 Hatfield Street | Central | www.sajewishmuseum.co.za*

■ COMPANY'S GARDEN ★
(137 D5) (*m* G5)

Der mitten in der Stadt gelegene Park ist die bezaubernde Oase, in der Touristen spazieren gehen und Kapstädter ihre Mittagspause auf der Wiese liegend verbringen. Die von mächtigen Eichen gesäum-

---

MARCO POLO HIGHLIGHTS

★ **Company's Garden**
Museumsmeile und grüne Oase mitten in der Stadt → S. 29

★ **Castle of Good Hope**
Beeindruckende Zeugnisse der ersten Siedler am Kap → S. 33

★ **District Six Museum**
Hier lebt das einst niedergewalzte Viertel ideell weiter → S. 34

★ **Bo-Kaap**
Bunte Häuschen und Moscheen am Fuße des Signal Hill → S. 38

★ **De Waterkant**
Gässchen, Boutiquen, Restaurants und Weinbars → S. 38

★ **Robben Island**
Knapp 20 Jahre saß Nelson Mandela hier in Haft → S. 40

★ **Tafelberg**
Schönster Aussichtspunkt und Wahrzeichen der Stadt → S. 46

★ **Groot Constantia**
Das älteste Weingut Südafrikas in herrlicher Umgebung → S. 42

★ **Victoria & Alfred Waterfront**
Vielseitiges Vergnügungs- und Einkaufsviertel am Hafen → S. 40

★ **Kirstenbosch National Botanical Gardens**
Hier gedeihen über 7000 Pflanzenarten → S. 43

★ **Kap der guten Hoffnung**
60 km vor der Stadt liegt das malerische Kap → S. 51

SÜDLICHE CITY BOWL

te Museumsmeile *Government Avenue* verläuft mitten hindurch. Hier finden sich viele der wichtigsten Museen Kapstadts und das *Company's Garden Restaurant (tgl. 7–18 Uhr | Tel. 02 14 23 29 19 | €€)*, ein kleines, zwischen den Bäumen verstecktes Café. Der Park wurde schon zu Zeiten der holländischen Kolonialzeit als Obst- und Gemüsegarten angelegt. Später ließ Cecil Rhodes zu seinen eigenen Ehren hier eine Statue aufstellen. Und noch etwas erinnert an den König der Diamanten: Die im Park umherwieselnden Eichhörnchen sind in seinem Auftrag hier angesiedelt worden. *Zwischen Orange und Wale Street | Central*

3 HOUSES OF PARLIAMENT
(137 D5) *(G5)*

Das Parlamentsgebäude ist eines der geschichtsträchtigsten Bauwerke der Stadt. Hier wurden viele Gesetze verabschiedet, die die Basis der Apartheidspolitik bildeten. Hendrik Verwoerd, der „Architekt" dieser Politik, wurde hier ermordet. Der Attentäter Dimitri Tsafendas sagte aus, ein Bandwurm habe ihm den Mord befohlen. Dass Sie den amtierenden Präsidenten zu Gesicht bekommen, ist aber unwahrscheinlich. Obwohl das Parlament jeweils einige Monate im Jahr hier tagt, ist er nur selten in Kapstadt, denn er ist nicht Mitglied des Parlaments. Eine Führung durch die verwinkelten Flure macht Sie mit einer perfiden Idee der Apartheid vertraut: Weil die Rassen auch im Parlament getrennt bleiben sollten, wurde das Gebäude so konstruiert, dass jede Gruppe unter sich bleiben konnte – oder musste. Für eine kostenlose Führung müssen Sie sich eine Woche im Voraus anmelden und Ihren Pass mitbringen. *Mo–Fr 9, 10, 11, 12 Uhr | Parliament Street | Central | Tel. 02 14 03 29 11 | www.parliament.gov.za*

4 KLOOF STREET
(136 B–C 5–6) *(E6–F5)*

Die Kloof Street und die angrenzenden Seitenstraßen sind vor allem tagsüber eines der Zentren der städtischen Kreativszene. In der Nachbarschaft hat E-TV, einer der landesweiten Fernsehsender, seinen Sitz, in den Cafés verbringen manche Kapstädter ganze Nachmittage vor ihren Laptops. Und Besucher können sich in den vielen trendigen Boutiquen, Shops und Plattenläden durch die Subkultur der Stadt stöbern, z. B. bei *Mabu Vinyl (Rheede Centre | 2 Rheede Street)*.

Viktorianischer Klassizismus: die Houses of Parliament

SEHENSWERTES

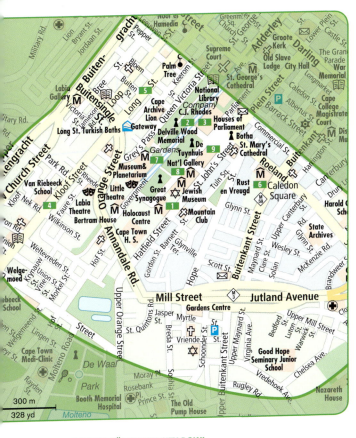

SEHENSWERTES IN DER SÜDLICHEN CITY BOWL

1. Cape Town Holocaust Centre/ South African Jewish Museum
2. Company's Garden
3. Houses of Parliament
4. Kloof Street
5. Long Street
6. Rust en Vreugd
7. South African Museum
8. South African National Gallery
9. Tuynhuis

5 LONG STREET

(137 D5–E3) (*F5–G4*)

Auf der Long Street kommt ganz Kapstadt zusammen. Hier verbringen sowohl Locals aller Hautfarben als auch Touristen ganze Tage und Nächte. Nachmittags sind die charmanten Cafés ein wunderbarer Ort, um das vorbeiziehende Long-Street-Volk zu beobachten. Nachts schiebt sich die Meute über die Bürgersteige von einer Bar in die nächste. Die Mischung der Long Street ist bunt: Fast-Food-Restaurants und schicke Boutiquehotels stehen in einer Reihe mit Läden, die afrikanisches Handwerk anbieten, und kleinen Hip-Hop-Bars, deren Tanzflä-

SÜDLICHE CITY BOWL

chen kaum größer sind als eine Tischtennisplatte. Viele der Häuser sind typisch viktorianisch: Ihre Balkone überdachen die Bürgersteige und verwandeln diese mit ihren verspielten Stützpfeilern in romantische Säulengänge. Neben zahlreichen Cafés, Restaurants und Clubs gibt es hier eine Reihe netter Modegeschäfte mit Entwürfen südafrikanischer und internationaler Designer und ein paar der interessantesten Galerien der Stadt.

6 RUST EN VREUGD (137 D5) (*m* G5)

Das 1778 errichtete Gebäude wurde 1940 zum Kulturerbe erklärt, weil es das besterhaltene Beispiel für Kaparchitektur des späten 18. Jhs. ist. Die Fassade gestaltete der deutschstämmige Bildhauer Anton Anreith. Die ausgestellten Werke sind Teile der *William Fehr Collection*, deren größerer Teil im Castle of Good Hope zu sehen ist. Sie stammen aus dem 16. bis 19. Jh. und dokumentieren Menschen und Geschehnisse am Kap. Der Garten wurde nach Entwürfen aus dem 18. Jh. Mitte der 1980er-Jahre wiederhergestellt. *Mo–Fr 10–17 Uhr | Eintritt 20 Rand | 78 Buitenkant Street | Central | www.iziko.org.za*

7 SOUTH AFRICAN MUSEUM (137 D5) (*m* F–G5)

Das älteste Museum im südlichen Afrika existiert bereits seit 1825. Es dokumentiert Natur und Kultur des Subkontinents sehr umfassend. Hier sind u. a. ganze Höhlen mit ihrer Felsbemalung nachgebaut. Eine große Fossiliensammlung ist genauso Teil der Ausstellung wie ein 20 m langes Blauwalskelett. Angeschlossen ist außerdem ein Planetarium. *Tgl. 10–17 Uhr | Eintritt 30 Rand | 25 Queen Victoria Street | Central | www.iziko.org.za*

8 SOUTH AFRICAN NATIONAL GALLERY (137 D5) (*m* F–G5)

Das Museum gehört zu den bekanntesten des Landes. Das verdankt es seiner Sammlung europäischer und afrikanischer Kunst und den Wechselausstellungen mit zeitgenössischer Kunst. *Di–So 10–17 Uhr | Eintritt 30 Rand | Government Av. | Central | www.iziko.org.za*

9 TUYNHUIS (137 D5) (*m* G5)

Von den Company Gardens aus hat man einen Blick auf das Tuynhuis, das 1700 als Unterkunft für Würdenträger der Handelsgesllschaft der Vereenigden Oost-Indischen Compagnie (VOC) gebaut wurde. In den folgenden Jahrhunderten wurde es mehrmals umgebaut. In dem von Anton Anreith gestalteten Giebelfeld, das einem dreieckigen, durch zwei Figuren gehaltenen Tuch nachempfunden ist,

Traditionelles Tanzkostüm im South African Museum

SEHENSWERTES

ist das Emblem der VOC noch erhalten. Anreith hat sich noch an vielen weiteren Fassaden der Stadt verewigt. Heutzutage empfängt der südafrikanische Präsident im Tuynhuis Staatsgäste. Kapstädter erzählen sich, wie Nelson Mandela während seiner Amtszeit durch den Garten spaziert ist und mit erstaunten Touristen ein kleines Schwätzchen durch die Latten des Gartenzauns gehalten hat. *In der Regel nur von außen zu besichtigen, für Führungen im Tourismuscenter oder unter president@po.gov.za nachfragen | Government Av. | Central*

NÖRDLICHE CITY BOWL

Den Charakter des unteren Teils der City Bowl prägen hauptsächlich die Hochhäuser, deren Leuchttafeln bei Nacht die ganze Innenstadt überstrahlen.

Hier finden sich aber auch viele historische Gebäude, die an Zeiten erinnern, in denen Kapstadt eines der Handelszentren zwischen Europa und Südostasien war und später zu einer Hochburg der menschenverachtenden Apartheidspolitik wurde. Und nicht zuletzt steht hier die berühmte St. George's Cathedral, von der aus Erzbischof Desmond Tutu seinen friedlichen, hartnäckigen Kampf gegen die Apartheid geführt hat.

■1 CASTLE OF GOOD HOPE ★
(137 E–F5) (*H5*)

Die fünfeckige Festung liegt mitten in der Stadt. Sie ist der älteste Kolonialbau Südafrikas. Zwischen 1666 und 1679 wurde sie von der „Vereenigde Oost-Indische Compagnie" (VOC) nach europäischen Vorbildern erbaut. Neben den ehemaligen Kerkerräumen beherbergt sie Anlage eine Schmiedewerkstatt und verschiedene Museen. Empfehlenswert ist vor allem die *William Fehr Collection*. Sie umfasst Malerei, Möbel und Gebrauchsgegenstände von den Anfängen der Kolonialisierung Südafrikas bis zur Mitte des 19. Jhs. Darstellungen von Kapstadt und den hier lebenden Menschen vermitteln einen besonderen Eindruck der Kolonialzeit sowie der europäischen und asiatischen Einflüsse. Das *Castle Military Museum* bietet einen guten Überblick über die Militärgeschichte Kapstadts. *Tgl. 9.30–17.30 Uhr | Eintritt 30 Rand | Darling Street/Ecke Buitenkant Street | Central | Tel. 02 17 87 10 89 | www.castleofgoodhope.co.za*

LOW BUDGET

Kostenlose Führungen bietet *Cape Town Partnership (Tel. 0 21 41 91 18 81 | www.capetownpartnership.co.za)* an. Die Organisation hat es sich zum Ziel gesetzt, die Entwicklung der Innenstadt Kapstadts voranzutreiben. Sie können entweder die östliche Innenstadt mit *City Hall* und *Grand Parade* erkunden, sich über neue Bau- und Investitionsprojekte in der Innenstadt informieren oder eine Shoppingtour über Märkte und durch Boutiquen unternehmen.

Wer den Aufstieg auf den *Lion's Head* alleine scheut, kann sich einer Wanderung der *Friends of Lion's Head (www.friendsoflionshead.org.za)* anschließen, die oft über ungewöhnliche Routen den Berg besteigen und dafür nur eine kleine Spende erwarten. Informationen gibt es auch von Annabel Kyriazis unter *Tel. 02 14 39 77 86.*

NÖRDLICHE CITY BOWL

2 CITY HALL (137 E5) (*H5*)
Die 1905 im Stil der italienischen Renaissance erbaute City Hall beherbergt heute die Innenstadt-Bibliothek sowie eine *Konzerthalle* (s. S. 78). Der Turm des Gebäudes ist eine Nachbildung des Londoner Big Ben. Auf dem Balkon der City Hall trat Mandela im Februar 1990 zum ersten Mal nach der Freilassung aus seinem Arrest in Paarl vor die Öffentlichkeit. Etwa 100 000 Menschen hatten auf dem Vorplatz, der *Grand Parade,* stundenlang auf ihn gewartet. Die Grand Parade wird heute als Park- und Marktplatz genutzt. *Nur von außen oder bei Konzerten zu besichtigen | Darling Street | Central*

3 DISTRICT SIX MUSEUM
(137 E5) (*H5*)
District Six ist der Name eines Stadtteils mit kaum fassbarer Geschichte (siehe „Stichworte"). Das Museum wurde zusammen mit ehemaligen Bewohnern des Stadtteils gestaltet, die persönliche Erinnerungsstücke zur Verfügung stellten. In einer nachgebauten Wohnung lebt die Atmosphäre des Stadtteils wieder auf. In einem überdimensionalen Stadtplan haben sich die Bewohner an ihren früheren Adressen verewigt, und auf Tafeln ist die Zerstörung des Viertels dokumentiert. Auf Anfrage werden Gruppenführungen (mind. 5 Pers.) durch den Stadtteil angeboten (50 Rand/Pers. *Mo 9–14.30, Di–Sa 9–16 Uhr, So nur nach Anmeldung | Eintritt 30 Rand | 25 Buitenkant Street | Central | Tel. 02 14 66 72 00 | www.districtsix.co.za*

4 GREENMARKET SQUARE
(137 D4) (*G4*)
Jeder Tourist landet hier irgendwann. Denn es ist wirklich nett auf dem Greenmarket Square. Die Verkäufer sind immer zu einem Schwätzchen aufgelegt, ihre Waren kommen wie sie selbst vom ganzen Kontinent. Es gibt Schnitzereien, Schmuck, originelle Recycling-Kunst und aus Draht gebaute Radios. *Mo–Sa 9–16 Uhr | Greenmarket Square | Central*

Erste Adresse für phantasievolles Kunsthandwerk: Greenmarket Square

SEHENSWERTES

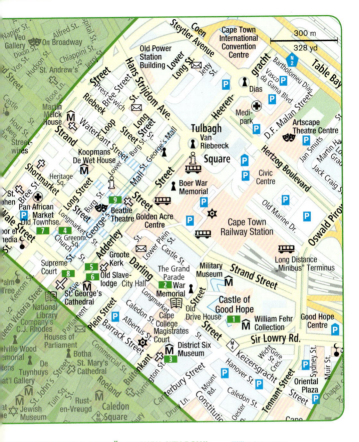

SEHENSWERTES IN DER NÖRDLICHEN CITY BOWL

1. Castle of Good Hope
2. City Hall
3. District Six Museum
4. Greenmarket Square
5. Groote Kerk
6. The Old Slavelodge
7. The Old Townhouse
8. St George's Cathedral
9. St George's Mall

▨ Fußgängerzone

5 GROOTE KERK
(137 D4–5) (*m* G4–5)

Das älteste Kirchengebäude Südafrikas wurde 1704 zum ersten Mal vollendet und bis 1836 zweimal erweitert und renoviert. Daher vermischen sich hier verschiedene architektonische Stile. Der Turm ist noch Teil des Ursprungsbaus. Die auf den Schultern zweier Löwen ruhende Kanzel stammt aus dem Jahr 1798 und ist das Werk der Bildhauer Anton Anreith und Jan Graaf. Die zunächst naturgetreu bemalten Löwen machten der Gemeinde solche Angst, dass sie später nur noch einfarbig sein durften. Die Gruft der Groote Kerk wartet mit Prominenz auf: Hier liegt u. a. Simon van der Stel, der ab 1691 Gouverneur der Kapkolonie war.

35

NÖRDLICHE CITY BOWL

Mo–Fr 10–14 Uhr | 43 Adderley Street | Zugang von Church Square | Central | www.grootekerk.org.za

6 THE OLD SLAVELODGE
(137 D5) (*G5*)

In der 1679 erbauten Slavelodge wurden zeitweise über 500 Sklaven der VOC zusammengepfercht. Die Lodge ist das zweitälteste Kolonialgebäude der Stadt und wurde im Laufe der Jahrhunderte vielseitig genutzt: Nicht nur Sklaven und Prostituierte waren hier untergebracht, sondern ab dem 19. Jh. auch die Büroräumlichkeiten der Regierung und zeitweise der Oberste Gerichtshof. Heute ist die Slavelodge ein Museum. Zur ständigen Sammlung gehören Gegenstände aus der Antike, Keramiken, Spielzeug, Silber und Stoffe aus der Geschichte Südafrikas sowie einige Werke der Khoisan, der Ureinwohner des Landes. Außerdem werden Wechselausstellungen gezeigt: Im Mittelpunkt stehen Menschenrechtsthemen und die internationale Geschichte der Sklaverei. *Mo–Sa 10–17 Uhr | Eintritt 30 Rand | 49 Adderley Street | Central | www.iziko.org.za*

7 THE OLD TOWNHOUSE
(137 D4) (*G4*)

Am Rand des Greenmarket Square steht das 1755 im Kap-Rokoko-Stil erbaute ehemalige Rathaus. Nach einer Karriere als Stadtwache, Verwaltungs- und Gerichtsgebäude dient das Old Townhouse heute der Kunst. Seit fast 100 Jahren ist es Heimat der weltbekannten *Michaelis Collection (Mo–Fr 10–17 Uhr | Eintritt 20 Rand)*, einer Sammlung holländischer und flämischer Meister des 17. Jhs. Der weiße Kreis auf dem Fußboden des Eingangsbereichs ist übrigens der offizielle Mittelpunkt der Stadt: Von hier aus werden alle Entfernungen gemessen. Ein Besuch des INSIDER TIPP Cafés im bezaubernden Garten lohnt genauso wie ein Konzertabend in den historischen Räumen. Termininfos vor Ort oder bei der Tourismusinformation. *Greenmarket Square | Central*

8 ST GEORGE'S CATHEDRAL
(137 D5) (*G5*)

Die zu Beginn des 20. Jhs. erbaute Kirche – der Grundstein wurde 1901 gelegt – ist weniger für ihren neogotischen Baustil berühmt als für ihre Geschich-

SICHERER IST SICHERER

Die Sicherheitslage hat sich in Kapstadt in den letzten Jahren deutlich verbessert. Um die Innenstadt sicherer und sauberer zu machen, wurde eine eigene Organisation gegründet, die entsprechend geschultes Personal stellt; außerdem gibt es inzwischen im gesamten Zentrum Überwachungskameras. Damit Sie Ihren Urlaub unbeschwert genießen können, sollten Sie sich unbedingt an folgende Verhaltensregeln halten: Spazieren Sie nach Einbruch der Dunkelheit nicht durch entlegene Seitenstraßen. Unternehmen Sie Wanderungen in die Natur immer nur in der Gruppe, mindestens zu dritt. Lassen Sie wertvollen Schmuck und Uhren dabei besser im Hotelsafe. Sollte Ihnen während Ihres Urlaubs dennoch etwas zustoßen, erreichen Sie unter der Telefonnummer *107* bzw. *021 4 80 77 00* ein von der Stadt und der Tourismusbehörde eingerichtetes Notfallcenter, das Ihnen hilfreich zur Seite steht.

SEHENSWERTES

Tagsüber ein geschäftiges Businesszentrum: St. George's Mall

te: Erzbischof Desmond Tutu, Friedensnobelpreisträger und Vorsitzender der Wahrheitskommission, die die Verbrechen des Apartheidsregimes aufarbeitete, hämmerte am 7. Sept. 1986 gegen die Türen der Kirche. Er wollte so seiner Forderung Nachdruck verleihen, erster schwarzer Erzbischof Südafrikas zu werden. Drei Jahre später erfüllte sich sein Wunsch. Bischof Tutu bezeichnete diese Kirche als den Ort des Widerstands gegen die Apartheid. Noch heute hält die von allen Südafrikanern verehrte Moralinstanz hier gelegentlich Gottesdienste ab. An manchen Abenden gibt das Kapstädter Symphonieorchester Konzerte – die Akustik ist hervorragend! *Mo–Fr 8–17, Sa 8–12.30, So zu den Gottesdiensten 7, 8, 9.30, 18 Uhr | 1 Wale Street | Central | Tel. 02 14 24 73 60 | www.sgcathedral.co.za*

9 ST GEORGE'S MALL
(137 D–E4) *(ﾉ G–H4)*

Der Businessboulevard der Innenstadt. Tagsüber eilt die Kapstädter Geschäftswelt von Termin zu Termin oder verbringt die Mittagspause in den Cafés und Snackbars. Nebenan bieten Straßenhändler Kunsthandwerk an. Nach Geschäftsschluss leert sich die Fußgängerzone aber so schnell, dass man abends das Gefühl hat, in einer Geisterstadt zu sein.

WATERFRONT, BO-KAAP & GREEN POINT

Um die City Bowl herum liegen Stadtviertel ganz unterschiedlichen Charakters. Die im Hafen gelegene Waterfront ist das touristische Herzstück und die beliebteste Shoppingadresse Kapstadts.

Hier befinden sich auch einige der teuersten Hotels und Restaurants und die Anlegebrücken der Bootstouren nach Robben Island. In den Shopping-Malls und Kinos verbringen aber auch unzähli-

WATERFRONT, BO-KAAP & GREEN POINT

ge Kapstädter ihre Freizeit. Die Häuschen des *Bo-Kaap-Viertels* sind die Heimat vieler Muslime in Kapstadt. In unmittelbarer Nachbarschaft liegen die schicken Cottages des Viertels *De Waterkant*. *Green Point* mit seinen vielen Restaurants und Cafés ist auch für sein Fußballstadion bekannt, das für die Fußball-WM 2010 aufwendig ausgebaut wurde.

■ 1 BO-KAAP ★
(136–137 C–D3) (*ω F3–4*)

Das Viertel hat weniger den Charakter eines Stadtteils als den eines muslimischen Dorfs: mit verwinkelten Gassen, bunten Häuschen und elf Moscheen; eine davon ist die älteste ganz Südafrikas. In der Nachbarschaft leben hauptsächlich Kapmalaien, die meisten Familien seit vielen Generationen. 1834 siedelten sich in Bo-Kaap die ersten freigelassenen Sklaven an und bauten sich eine Existenz auf. Das *Bo-Kaap Museum (Mo–Sa 10–17 Uhr | Eintritt 20 Rand | 71 Wale Street | www.iziko.org.za)* zeigt die Geschichte des Viertels und seiner Menschen in Bildern. Noch heute erinnert der *Minstrel Carnival* an die Zeit der Sklaverei: Weil die Sklaven an Neujahr arbeiten mussten, feierten sie den Start des neuen Jahres in den Tagen danach. Seitdem ziehen im Januar regelmäßig Bands durch die Stadt. In Bo-Kaap wird der traditionelle Umzug am 3. Januar von Tausenden von Menschen empfangen, die sich bis zu seiner Ankunft mit Leckereien der Imbissstände die Zeit vertreiben. Wer die Nachbarschaft besser kennenlernen will, sollte eine *Bo-Kaap Cooking Experience (Tel. 02 17 90 25 92 | www.andulela.com)* buchen! In der Kleingruppe geht man erst beim Halaal-Metzger und im Gewürzladen einkaufen und kocht damit bei einer Familie zu Hause kapmalaiische Spezialitäten.

■ 2 DE WATERKANT ★
(137 D3) (*ω G3–4*)

Das Viertel De Waterkant wird in Kapstadt selbst *Cape Quarter* genannt.

Bo-Kaap ist bekannt für seine bunt und phantasievoll bemalten Häuser

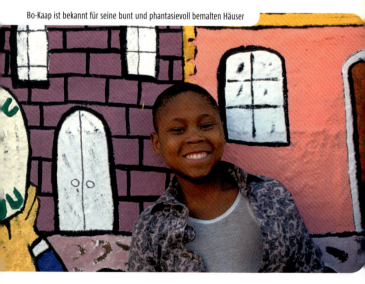

SEHENSWERTES

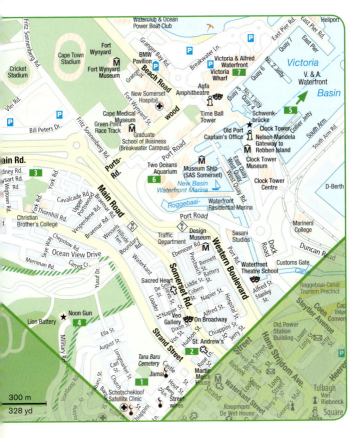

SEHENSWERTES AN DER WATERFRONT, IN BO-KAAP UND GREEN POINT

- 1 Bo-Kaap
- 2 De Waterkant
- 3 Green Point
- 4 Noon Gun
- 5 Robben Island
- 6 Two Oceans Aquarium
- 7 Victoria & Alfred Waterfront

Es ist ein Stadtteil mit zauberhaftem Charme und zudem das Herz der Kapstädter Schwulenszene. Von der einstigen Vergangenheit als Rotlichtviertel ist dem Stadtteil heute nichts mehr anzusehen. Das den Namen gebende Cape Quarter selbst umfasst einen gesamten Häuserblock und beherbergt einige der elegantesten Einrichtungsläden und Designboutiquen und ein paar der hippsten Szenebars von Kapstadt. Außerdem finden Sie hier viele charmante Übernachtungsmöglichkeiten: von eleganten Guesthouses bis zu kleinen, familiären Hotels; besonders beliebt sind die schönen historischen Cottages (s. Kapitel „Übernachten"). Man fühlt sich hier fast wie in einem entspannten Feriendorf.

WATERFRONT, BO-KAAP & GREEN POINT

3 GREEN POINT
(136 B–C1) (*m* E–F 1–2)
Das Fußball-WM-Stadion in Green Point ist zu einem Wahrzeichen Kapstadts geworden. Es entstand unter der Führung eines deutschen Architekturbüros, das auch schon die Stadien von Frankfurt, Köln und Berlin um-, bzw. neu gebaut hatte. Machen Sie eine ● Führung mit, und besuchen Sie die Katakomben und Umkleiden, in denen sich die deutsche Mannschaft bei der WM 2010 auf das Viertelfinale gegen Argentinien (4:0) vorbereitete *(45 Rand | Buchungen: Tel. 02 14 17 01 20)*. Entstanden ist neben dem Stadion mit dem *Green Point Park* zudem eine wunderbar gepflegte Anlage. Hier erholen sich die Kapstädter, gehen auf den idyllischen Pfaden zwischen kleinen Teichen und Spielplätzen spazieren oder machen mit Freunden und der Familie Picknick. An heißen Tagen bieten überdachte Sitzbänke Schatten.

4 NOON GUN (136 C3) (*m* F3)
Die Tradition des Kanonenschusses, der täglich außer sonntags am Mittag abgefeuert wird, geht zurück auf das Jahr 1806: Seitdem wird die Kanone, die oberhalb des Bo-Kaap-Viertels steht, ab 11.30 Uhr mit 3 kg Schießpulver geladen und um Punkt 12 Uhr abgefeuert. Früher diente der Böllerschuss als Zeitzeichen für die Kapitäne der vorbeifahrenden Schiffe, nach dem sie den Bordchronometer stellen konnten. Heute ist es eher das Signal für die Geschäftswelt, langsam darüber nachzudenken, wo man die Mittagspause verbringen könnte. *Military Road | Signal Hill (ab Buitengracht Street ausgeschildert)*

5 ROBBEN ISLAND ★ ●
(U A1) (*m* a1)
Die Insel vor der Table Bay ist das eindrucksvollste Zeichen für die Härte, mit der das Apartheidsregime gegen seine Gegner vorgegangen ist. Nelson Mandela verbrachte hier den Großteil seiner Haft, und noch heute ist seine Zelle eine Pilgerstätte für Touristen wie für Südafrikaner. Die Führungen auf der Insel, die 1999 zum Weltkulturerbe erklärt wurde, werden von ehemaligen Häftlingen geleitet, die durch ihre persönlichen Erinnerungen einen Eindruck vom Leben auf Robben Island vermitteln. Zu der knapp vierstündigen Tour gehört auch die Überfahrt auf der Fähre (je Strecke ca. 30 Min.). Weil die Touren sehr gefragt sind, empfiehlt es sich, frühzeitig zu buchen. *Tgl. stdl. 9–15 Uhr, in der Hochsaison auch 17 Uhr | Tickets 250 Rand | Victoria & Alfred Waterfront, Nelson Mandela Gateway am Clock Tower | Tel. 02 14 13 42 20 | www.robben-island.org.za*

6 TWO OCEANS AQUARIUM ●
(137 D2) (*m* G2)
Hier wandert man trockenen Fußes durch die schillernde Unterwasserwelt sowohl des Indischen Ozeans als auch des Atlantiks. Besucher mit Lust auf Nervenkitzel können in einem 2 Mio. l fassenden Becken bei einem Tauchgang mit Haien, Meeresschildkröten und Rochen auch auf Tuchfühlung gehen. Sie brauchen dafür allerdings einen Tauchschein. Freunde oder Familie können Ihnen vom Besucherraum aus durch dicke Acrylscheiben zuschauen. *Tgl. 9.30–18 Uhr | Eintritt 125 Rand, Tauchgang (inkl. Ausrüstung) 740 Rand | Victoria & Alfred Waterfront | Dock Road | Tel. 02 14 18 38 23 | www.aquarium.co.za*

7 VICTORIA & ALFRED WATERFRONT ★ ●
(137 D–E 1–2) (*m* G–H 1–2)
Die Victoria & Alfred Waterfront ist eine der größten Touristenattraktionen der Stadt und auch für diejenigen einen Be-

SEHENSWERTES

such wert, die um die größten Touristenattraktionen sonst am liebsten einen großen Bogen machen. Ihren Namen hat die V & A Waterfront von zwei Hafenbecken, die nach Victoria, der Königin von England, und ihrem Sohn Alfred benannt sind. Um die Becken herum wurde in den 1990er-Jahren ein Vergnügungs- und Shoppingviertel errichtet. Hier stehen erstklassige Hotels, Edelboutiquen liegen neben Supermärkten und Department-Stores, feine Restaurants wie das *Harbour House (4 Quai | Tel. 02 14 18 47 44 | €€)* teilen sich die Terrasse mit der Niederlassung einer Fastfood-Kette, und auf der Open-Air-Bühne finden Jazzfestivals, indische Tanzabende und Filmvorführungen statt. Gleichzeitig ist der Hafen noch in Betrieb, weswegen immer wieder Fischerboote ein- und auslaufen und gelegentlich Kreuzfahrtschiffe vor Anker gehen. Die Waterfront ist nicht nur bei Touristen beliebt, vor allem an den Wochenenden tummeln sich hier auch viele Kapstädter, die ihre Einkäufe erledigen und anschließend mit einem Eis in der Hand am Hafenbecken entlangspazieren oder den Abend in einem der Kinos ausklingen lassen.

AUSSERDEM SEHENSWERT

CAMPS BAY
(134 A–C 2–4) (B–C 8–9)
Wenn man den Stadtteil, der sich gegen die Bergketten der Zwölf Apostel lehnt,

Begegnung mit faszinierenden Großfischen im Two Oceans Aquarium

heute sieht, kann man kaum glauben, dass sich bis ins 20. Jh. hinein niemand hier niederlassen wollte. Die holländischen Gründungsväter waren von dem heute so beliebten Strand völlig unbeeindruckt. Sie hielten das Gebiet für unattraktiv, weil es zu weit vom Stadtkern entfernt liegt. Erst in der jüngeren Vergangenheit entwickelten sich Camps Bay und das benachbarte Clifton zum Hort von Reichtum: Immer mehr Villen

AUSSERDEM SEHENSWERT

und edle Hotels sind hier entstanden, und inzwischen können sich nur noch eine kleine Kapstädter Minderheit und wohlhabende Ausländer ein Grundstück hier leisten. Die Strandpromenade ist gesäumt von schicken Bars und Restaurants. In die Kategorie „Sehen und gesehen werden" fällt das *Café Caprice (tgl. 9–23 Uhr | 37 Victoria Road | Camps Bay | Tel. 02 14 38 83 15 | www.cafecaprice. co.za)*, von wo aus sich bekannte und weniger bekannte Menschen den Sonnenuntergang anschauen. Ein Stadtmagazin hat den weiten, weißen Strand, an dem man sich gern zum ● Beachvolleyball trifft, einmal „Côte de Camps Bay" genannt. Hier finden Sie auch die beste Eisdiele der Stadt: Im 1. Stock des Promenade Centre versteckt sich **INSIDER TIPP** *Sinnfull Ice Cream Emporium (tgl. 10–23.30 Uhr | Shop No. 5, Promenade Centre | Victoria Road)* – die Eissorten sind so außergewöhnlich wie lecker.

Kirstenbosch Botanical Gardens: Südafrikas Wappenblume Protea cynaroides

CLIFTON I–IV (135 D5–6) (*A–B 6–7*)

Die Strände von Clifton sind in vier Abschnitte unterteilt, die teilweise durch ins Meer ragende Felsen voneinander abgegrenzt sind. Ans Wasser gelangt nur, wer seinen Wagen auf der Hauptstraße zwischen der Innenstadt und Camps Bay parkt (einen Parkplatz zu finden kann allerdings vor allem an Wochenenden zu einer nervenaufreibenden Mission werden) und eine der Treppen nach unten steigt. Was die Clifton-Strände so einzigartig macht, ist die Lage: Eingebettet zwischen meerstöckigen Gebäuden und Felsen, ist es hier meistens ein bisschen windstiller als an den anderen Stränden.

DEVIL'S PEAK (U B2) (*K9*)

Der knapp über 1000 m hohe Berg liegt von der Innenstadt aus gesehen an der linken Seite des Tafelbergs. Die schönsten Blicke auf seinen Gipfel hat man vom Park um das *Rhodes Memorial* aus. Von hier aus führen auch Wanderwege am Berg entlang.

GROOT CONSTANTIA ★ ● ✿
(U B3) (*b3*)

Die Weinfarm im Constantia-Tal ist das älteste Weingut Südafrikas und das einzige mit angeschlossenem Museum zur Geschichte des Kaps im Allgemeinen und des Weinanbaus im Speziellen. Es werden auch Führungen durch den Weinkeller angeboten. Die Farm wurde 1685 vom späteren Gouverneur am Kap, Simon van der Stel, gegründet. Sein mit kostbaren Möbeln, Gemälden und Porzellan ausgestattetes Wohnhaus ist noch immer so gut erhalten, dass man das Gefühl hat, im nächsten Moment könnte der Hausherr um die Ecke biegen, um die Gäste höflich zu bitten, sein Wohnzimmer zu verlassen.

Gleich daneben findet man eins der beiden Restaurants der Farm: Im *Jon-*

SEHENSWERTES

Anspruchsvolle Geländestrecke – Joggerin am Lion's Head

kershuis *(Tel. 02 17 94 62 55 | €€)* wird traditionelle Küche zubereitet, z. B. der *Malay Platter*, eine Zusammenstellung kapmalaiischer Köstlichkeiten. Genießen Sie die Aussicht: Von hier aus können Sie sehen, wo die Kapfläche am Horizont in den Ozean fließt. Sonntags findet auf Groot Constantia bei gutem Wetter ein kleiner *Antikmarkt (10–16 Uhr)* statt, auf dem Sie Schmuck und alte Bücher erstehen können. Charmante, kleinere Weingüter wie Buitenverwachting, Constantia Uitsig, Klein Constantia und das elegante Steenberg liegen in unmittelbarer Nachbarschaft. *Tgl. 9–17.30 Uhr | Tel. 02 17 94 51 28 | die Weinfarm befindet sich in Zentrumsnähe; fahren Sie über die M3 und M41 (Ausfahrt: Constantia), und biegen Sie nach 1 km links zur Weinfarm ab*

KIRSTENBOSCH NATIONAL BOTANICAL GARDENS ★ (U B2–3) (*b2–3*)

Der Park, nur etwa 5 km vom Stadtzentrum entfernt, ist eines der Schmuckstücke Kapstadts. Entworfen im Jahr 1895, zählt er heute zu den schönsten Parkanlagen der Welt. Die Artenvielfalt ist überwältigend: Über ein Drittel der 22 000 in Südafrika vorkommenden Pflanzen wachsen in Kirstenbosch. Zwischen Dezember und April finden auf der Open-Air-Bühne die von den Kapstädtern geliebten INSIDER TIPP Sommerkonzerte statt. Vor traumhafter Bergkulisse verbringt man den Abend auf einer Wiese bei Picknick und Wein und hört den Größen der südafrikanischen Musikszene zu. *Sept.–März tgl. 8–19, April–Aug. tgl. 8–18 Uhr | Eintritt 50 Rand | Rhodes Drive | Newlands*

LION'S HEAD (135 E5) (*C6*)

Der Lion's Head ist ein besonders guter Ort, um der Sonne beim dekorativen Versinken im Atlantik zuzusehen. Von der M 62 geht eine Straße in Richtung Signal Hill ab. Nach 300 m finden Sie einen Wanderweg, der auf den Lion's Head führt. Die gesamte Tour dauert etwa zweieinhalb Stunden. Sollte unterwegs etwas passieren, erreichen Sie unter Tel. das Rettungsteam der *Mountain Rescue (Tel. 086 110 64 17)*. Wem der Fußmarsch zu anstrengend ist, der fährt einfach im

AUSSERDEM SEHENSWERT

Rhodes Memorial: Denkmal für den Diamantenkönig und Politiker

Auto weiter bis zum *Signal Hill* (136 B3) (*E3*) und genießt auch von dort einen traumhaften Blick über das Meer zur einen und die Stadt zur anderen Seite. Unterhalb des Gipfels des Lion's Head starten Paraglider zu Flügen über Camps Bay und das Meer. Ein INSIDERTIPP **Tandemsprung** mit einem erfahrenen Piloten ist ein unvergessliches Erlebnis; z. B. *Para-Taxi (Preis 1300 Rand | Tel. 082 9 66 20 47 | www.para-taxi.com). Kloof Nek Road | auf der M 62 zwischen Camps Bay und Innenstadt ausgeschildert*

OBSERVATORY
(139 E–F 4–5) (*N–O 6–7*)
Das lebendige Studentenviertel (siehe auch Kapitel „Erlebnistouren") gilt als „Ferienresidenz" der internationalen Backpackerszene. Zentrum von „Obs" ist die *Lower Main Road* mit ihren Cafés, Bars und Geschäften der Alternativszene. Die Stimmung hier beschrieb der südafrikanische Comedystar Kurt Schoonraad, der selbst in der Nachbarschaft wohnt, so: „Wenn man hier jemanden auf der Straße fragt, wie spät es ist, wird er darauf antworten: Keine Ahnung, vielleicht Winter?" Tagsüber kann man in einem der netten Straßencafés einen Kaffee trinken, z. B. bei *Mimi (tgl. | 78 Lower Main Road)*, und abends in den Kneipen Billard spielen oder tanzen. Einmal im Jahr findet hier das „Obs-Fest" statt: Am ersten Wochenende im Dezember bauen sämtliche Kneipen und Cafés ihre Tische und Stühle auf der Straße auf. Und von einer großen Bühne aus beschallen die Größen der Kapstädter und Johannesburger Musikszene dann die Straße.

RHODES MEMORIAL
(U B2) (*M9*)
Das einem griechischen Tempel nachempfundene Monument oberhalb der Universität von Kapstadt wurde zu Ehren von Cecil Rhodes erbaut, der 1870 als 17-jähriger, verarmter Jugendlicher in Kapstadt ankam und 1902 im Alter von nur 48 Jahren als Millionär starb. Sein Vermögen machte er mit den Diamantvorräten von Kimberley. Rhodes

SEHENSWERTES

war ein größenwahnsinniger Politiker, der das Land Rhodesien (heute Simbabwe) gründete und für sein eigenes Denkmal Granit aus dem Tafelbergmassiv brechen ließ. Von hier oben hat man einen traumhaften Ausblick über die Ebene zwischen der Innenstadt und der False Bay, und an einem sonnigen Nachmittag ist das INSIDERTIPP *Rhodes Memorial Tea Garden (tgl. 9–17 Uhr)* nebenan ein zauberhafter Ort für eine Tasse Tee und ein Stück Kuchen. *Rhodes Memorial Street | Newlands | Groote Schuur Estate (von der M 3 stadtauswärts ausgeschildert)*

INSIDERTIPP SANDY BAY
(U A3) (*m a3*)

Etwas abseits liegt der Strand von Sandy Bay. Gerade an den Wochenenden der Hochsaison findet man hier noch die Ruhe, die an den anderen Stränden im Trubel untergeht. Nach Sandy Bay gelangen Sie, wenn Sie der Hauptstraße, die durch Camps Bay führt, immer weiter folgen und rechts nach Llandudno abfahren. Dort angekommen, folgt ein etwa 20-minütiger Fußmarsch auf einem kleinen Trampelpfad, bis Sie den Strand unterhalb des Berges *Little Lion's Head* erreichen (der Weg ist ausgeschildert). Wenn Sie, endlich angelangt, feststellen, dass Sie Ihre Badehose vergessen haben: Das macht hier gar nichts. Sie werden nicht der Einzige ohne Stoff am Körper sein; Sandy Bay ist nämlich das inoffizielle FKK-Paradies Kapstadts.

SEA POINT
(135 E–F 2–3) (m C–D 3–4)

Sea Point liegt direkt am Meer und ist trotzdem noch bodenständig. An der Strandpromenade reihen sich die Apartmenthäuser aneinander, und durch die Main Road fahren tagsüber hupende Minitaxis auf ihren Pendeltouren zwischen Camps Bay und der Innenstadt. In den Restaurants und Imbissbuden entlang der Main Road kann man um die ganze Welt speisen. Und an manchen Geschäften erkennt man, dass Sea Point jüdisch geprägt ist. Weil das Ufer hier steinig ist, hat Sea Point keinen Strand, dafür eine breite Promenade, die abends von Lichterketten beleuchtet wird. Sonntags flaniert hier der ganze Stadtteil. Die Strandpromenade gehört zu den beliebtesten

DER WEISSE ELEFANT

Vom Glamour im Greenpoint-Stadion, wo bei der Fußball WM 2010 auch die deutsche Mannschaft spielte, ist wenig übrig geblieben. Inzwischen trägt der Verein Ajax Cape Town hier seine Spiele aus. Die selten mehr als 5000 Zuschauer verlieren sich im weiten Rund. Die Stadien sind die offensichtlichste Hinterlassenschaft der WM 2010. Und ihre Nutzungsbilanz spricht nicht für einen nachhaltigen Erfolg. Von den zehn WM-Stadien sind acht defizitär, allen voran das in Kapstadt, das mit 340 Mio. Euro das teuerste war. Den Jahreseinnahmen von 1,03 Mio. Euro stehen 4,5 Mio. Euro Kosten gegenüber. Die Rechnung bezahlen die Kommunen. Befürworter weisen darauf hin, dass das Stadion zu einem Wahrzeichen der Stadt geworden ist. 50 m ragt das wellenförmige Dach in die Höhe; die Fassade ist von Fiberglas umgeben, das am Tag den Wind abhält und das Gebäude nachts zu einem faszinierenden Leuchtkörper macht.

AUSSERDEM SEHENSWERT

Joggingstrecken der Stadt. Weil der breite Weg zwischen Meer und Grünstreifen auch gut befahrbar ist, teilen sich die Läufer die Strecke vor allem am Wochenende mit Inlineskatern. Wem der Ozean zum Schwimmen zu kalt ist, der kann hier trotzdem in Salzwasser baden: Am Ende der Promenade gibt's INSIDERTIPP den einzigen Meerwasserpool Kapstadts *(Okt.–März tgl. 7–19, April–Sept. 8.30–17 Uhr | Eintritt 9 Rand)*.

TAFELBERG ★ ● ☼
(U B2) (*D–L 8–12*)
Viele Wege führen auf den Tafelberg, genauer gesagt: etwa 500. Der bequemste ist die Fahrt mit der Seilbahn von Kloof Nek aus. Darüber hinaus gibt es unterschiedliche Wander- und Kletterrouten auf den Berg. Eine Wanderkarte bekommen Sie u. a. im Info-Center im Clocktower der Waterfront oder im Botanischen Garten in Kirstenbosch. Von Kirstenbosch aus startet auch die INSIDERTIPP schönste Strecke auf den Berg. Je nach Kondition braucht man für den Aufstieg 2 bis 3 Stunden: Meist schattig führt die Route von *Skeleton Gorge* über *Smuts Track* zum *Macleras Beacon*. Vorsicht bei Regen: Der steinige Weg, der an einigen Stellen über Holzleitern führt, kann dann rutschig werden. In der Nähe der Seilbahn führt ein weiterer Weg über die *Platteklip Gorge* – eine schmale Schlucht, die steil und zügig nach oben führt. Packen Sie eine Wanderkarte, Wasser, feste Schuhe, Sonnencreme, etwas zu essen sowie warme, wasser- und windfeste Kleidung ein. Oben wird es schnell frisch, vor allem, wenn Wolken aufziehen. Achten Sie auch darauf, dass Ihr Handyakku noch ausreichend geladen ist, damit Sie im Notfall zumindest noch die Nummer der *Mountain Rescue (Tel. 02 19 48 99 00)* oder der *Kirstenbosch Security (Tel. 021 7 99 86 18)* wählen können.

Auf dem Tafelberg angekommen, erwartet Sie ein atemberaubender Blick in alle Himmelsrichtungen und über alle Stadtviertel drumherum. Außerdem haben Sie vielleicht das Glück, einige wild lebende Tiere zu beobachten. Die Meerschweinchen ähnelnden Dassies laufen Ihnen schon an der Seilbahnstation über die Füße. Scheuer sind Bergziegen, Steinböcke und Paviane. Vor allem, wenn Sie mit der Seilbahn hochgefahren sind, lohnt eine Wanderung auf einer der angelegten Strecken. Erkundigen Sie sich nach der für Sie passenden. Je nach Jahreszeit und Wetterlage startet die erste Bahn zwischen 7.30 und 8.30 Uhr, die letzte kommt zwischen 18 und 22 Uhr zurück. Um langes Anstehen zu vermeiden, können Tickets (170 Rand) auch INSIDERTIPP online im Voraus gebucht

RICHTIG FIT!

Das perfekte Trainingslager für Kletterrouten in freier Natur ist das ● *City-ROCK Indoor Climbing Centre* **(139 F5)** (*O6*) *(Mo–Do 9–21, Fr 9–18, Sa/So 10–18 Uhr | Collingwood Street | Tel. 02 14 47 13 26 | www.cityrock.co.za)* in Observatory. Hier bringen Ihnen Trainer die Grundlagen bei; auch Fortgeschrittene finden anspruchsvolle Strecken. Ein Schnupperkurs kostet 230 Rand *(Mo, Mi 18–20 Uhr | Vorbuchung nötig)*. Im Geschäft finden Sie die Ausrüstung für erste Kletterversuche im Freien, zum Areal gehört auch ein Fitnessstudio.

SEHENSWERTES

Kunsthandwerk als Lebensunterhalt: Töpferwerkstatt im Township Nyanga

werden *(Hin- und Rückfahrt 205 Rand | Tel. 021 24 28 181 | www.tablemountain. net). Table Mountain Road*

TOWNSHIPS

Außerhalb des Zentrums von Kapstadt gibt es sieben offizielle Townships und viele weitere informelle Siedlungen. Man hört häufig den Begriff *Cape Flats,* der so gut wie gleichrangig zu Townships gebraucht wird, weil viele von ihnen in der flachen, sandigen Fläche zwischen dem Tafelberg und der False Bay liegen. Die Townships in Kapstadt heißen unter anderem Guguletu, Khayelitsha (mit offiziell 300 000 Bewohnern das zweitgrößte Township Südafrikas) und Langa (das älteste). Die Lebensverhältnisse unterscheiden sich sehr stark: Viele Menschen wohnen in einfachen Häusern mit Wasseranschluss und Strom, andere in Blechhütten und Bretterverschlägen ohne fließendes Wasser. Weil die Bevölkerung in den letzten Jahren schneller gewachsen ist, als die Stadt Infrastrukturen aufbauen konnte, wohnen in vielen Häusern, in denen früher zwei Familien untergebracht waren, heute acht. Fieberhaft arbeitet die Stadtverwaltung deshalb daran, genug Wohnraum in den Townships zur Verfügung zu stellen.

Wer sich ein authentisches Bild vom Leben in Townships machen möchte, sollte sich einer der Touren anschließen, die Agenturen wie INSIDER TIPP *Bonani Tours (Tel. 021 531 42 91 | www.bonanitours. co.za)* anbieten: Sie besuchen in einer Kleingruppe Schulen, afrikanische Naturheiler, Townshipkneipen und kommen auf diese Weise in Kontakt mit Kapstädtern, die Sie an den Stränden und in der Innenstadt nicht treffen. Auch die Menschen in den Townships haben etwas davon. Sie bekommen einen Teil der Einnahmen und profitieren damit vom Tourismus, der sonst an ihnen komplett vorüberziehen würde.

INSIDER TIPP THE HEART OF CAPE TOWN MUSEUM

(139 D–E 5–6) (*M–N7*)

Im Krankenhaus Groote Schuur, dem imposanten, über Observatory thronenden Bau, der nachts bunt angestrahlt wird, verpflanzte Professor Christiaan Barnard 1967 das erste menschliche Herz. Sein

AUSFLÜGE

Bunte Holzhütten säumen den beliebten Strand der False Bay bei St James

Patient überlebte damals zwar nur 18 Tage, aber noch heute wird im Transplantationsmuseum das Herz ausgestellt, das damals seinen Träger wechselte. In demselben Raum, in dem Professor Barnard die Operation vornahm, ist das Operationsszenario realistisch nachgestellt. Außerdem finden Sie im Museum das weltweite Presse-Echo auf die medizinische Pioniertat, Barnards Fanpost und weitere interessante Zeitdokumente. *Führungen tgl. 9, 11, 13, 15, 17 Uhr | 200 Rand | Old Main Building, Groote Schuur Hospital | Main Road | www.heartofcapetown.co.za*

TWELVE APOSTLES
(U A–B 2–3) (*a–b 2–3*)

Der Gebirgszug der Zwölf Apostel erstreckt sich vom Tafelberg in Richtung Süden. In den unwegsamen Bergen kann man zwar nicht wandern, dafür ist es umso schöner, an den Stränden entlang der Apostel zu liegen und mit dem Meeresrauschen im Rücken den Blick auf die Berggipfel zu genießen.

AUSFLÜGE

BLOUBERGSTRAND (U B1) (*b1*)

Von der Innenstadt nur 30 km entfernt liegen die Strände von Bloubergstrand, das seinen Namen dem großartigen Blick auf den abends im bläulichen Dunst verschwimmenden Tafelberg verdankt. Packen Sie Badesachen für einen relaxten Strandtag ein, und genießen Sie später den spektakulären Sonnenuntergang. Die Strecke führt vom Zentrum aus auf die N 1, fahren Sie dann ab auf die R 27 Richtung *Milnerton*. Sind Sie am Wochenende unterwegs, kommen Sie bald hinter dem Stadtzentrum auf der linken Seite an einem charmanten Flohmarkt vorbei (s. „Einkaufen", S. 70). Wenn Sie später entlang der Strecke hinter den Dünen Drachen am Himmel entdecken, lohnt sich ein Zwischenstopp am Strand. Zum Entspannen und Baden ist es dann zwar zu windig, das Beobachten der Kitesurfer, die an ihren Drachenschirmen

SEHENSWERTES

hängend vor der Kulisse des Tafelbergs über den Atlantik rasen, wird Sie jedoch entschädigen.

Folgen Sie der Straße weiter Richtung *Bloubergstrand*. Hier trainieren von Dezember bis März Wind- und Kitesurf-Profis aus aller Welt – ein tolles Spektakel! Den schönsten Badestrand finden Sie in der Big Bay: Folgen Sie der Straße durch den Ort, und biegen Sie im Kreisverkehr links ab (Big Bay ist ausgeschildert). Hier ist es meist windstill. Schon bei Tageslicht ist der Anblick des Tafelbergmassivs überwältigend. Wenn die Sonne dann langsam in den Ozean abtaucht, wird daraus ein so schönes Schauspiel, dass Sie es mit einem Glas Wein in der Hand feiern sollten. Der beste Platz dafür ist die Wiese vor dem Hotel **INSIDER TIPP** *The Blue Peter (tgl. 12–22 Uhr | 7 Popham Street | Tel. 02 15 54 19 56)*. Die Atmosphäre gleicht am Wochenende der eines gemütlichen Après-Ski-Abends bei 20 Grad: Kapstädter stoßen mit Urlaubern auf einen traumhaften Tag am Strand an – in der einen Hand ein Stück Pizza, in der anderen ein Glas Wein – und lassen sich vom großartigen Anblick ihrer Stadt berauschen, die umso schöner strahlt, je dunkler es wird.

Alternativ zur Pizza des *Blue Peter* gibt es einen Steinwurf weiter exklusive Küche zu relativ günstigen Preisen. Im *On the Rocks (Mo–Fr 12–22, Sa/So 9–22 Uhr | 45 Stadler Road | Tel. 02 15 54 19 88 | €€)* sind vor allem die exzellenten Fischgerichte zu empfehlen. Reservieren Sie einen Tisch an der riesigen Fensterfront am Wasser mit Blick auf die Stadt. Bei einem Brandy nach dem Essen können Sie den Tag hier entspannt ausklingen lassen.

FALSE BAY (U B4–5) (*m* b4–5)

Der Ausflug führt durch die charmanten Küstendörfer der False Bay zur Pinguinkolonie am südlichsten Punkt der Route. Entfernung: ca. 40 km.

Verlassen Sie Kapstadt auf der M 3, die durch das schöne Constantia-Tal in Richtung Muizenberg führt. Am Ende der Strecke erwartet Sie ein traumhafter Blick in die False Bay. Für viele der ersten Seefahrer am Kap dagegen war die Ankunft hier eine herbe Enttäuschung: Auf dem Weg nach Kapstadt hatten sie sich kurz vor dem Ziel verfahren. Daher hat die Bucht ihren Namen: „falsche Bucht". *Muizenberg* ist hauptsächlich wegen seines Strands ein beliebtes Ausflugsziel, denn hier ist das Wasser wärmer als auf der anderen Seite der Halbinsel. Die Strandpromenade wird langsam aus ihrem Dornröschenschlaf geküsst. Jahrelang versprühten die Gebäude den maroden Charme einer Geisterstadt. Das Strandpublikum in Muizenberg ist bunt gemischt: Im Gegensatz zu den schicken Stränden von Camps Bay und Clifton kommen hier Menschen aller Hautfarben und sozialer Schichten her – viele auch, **INSIDER TIPP** um surfen zu lernen. Die

AUSFLÜGE

meist zahmen Wellen sind perfekt, um die ersten Stehversuche auf dem Brett zu machen. *Gary's Surf School (34 Beach Road | Tel. 02 17 88 98 39)* verleiht Boards und Wetsuits und gibt Unterricht. Weniger harmlos als die Wellen sind die Haie, die hier gelegentlich aufkreuzen. Doch es gibt Sharkspotter und ein Frühwarnsystem. Besonders in Muizenberg ist das Risiko deshalb äußerst gering.

Auf dem Weg ans Kap können Badefreunde das kalte Meerwasser austricksen. Am Straßenrand befinden sich mehrere ● *Tide Pools*, ins Meer eingelassene Becken, die sich mit Salzwasser füllen, das durch die Sonne erwärmt wird. An der Küste entlang führt der Weg weiter in Richtung Kalk Bay. Beim Durchfahren von *St James* werden Ihnen bunt bemalte Hütten am Strand auffallen: Sie waren zu Zeiten der Apartheid Umkleidekabinen, die nur Weiße benutzen durften. Heute sind sie allen gleichermaßen zugänglich und eine Art Wahrzeichen der False Bay.

INSIDER TIPP *Kalk Bay*, der nächste Ort der Tour, wurde Ende des 17. Jhs. als günstige Anlegestelle entdeckt, weil es hier einen natürlichen Hafen gab. So konnten die ersten Siedler bequem zum Fischen aufs Meer hinausfahren. Besonders im August und September sieht man mit etwas Glück von der Main Road aus Wale und Delphine vorbeiziehen. Nicht zu überbieten ist dieses Schauspiel bei einem Glas Wein im *Harbour House (tgl. 12–16, 18–22 Uhr | Tel. 02 17 88 41 33 | €€)*, einem netten Fischrestaurant im Hafen. Mittags kommen die Fischer vom Meer zurück und preisen ihren Fang an. Direkt am Wasser liegt auch das *The Polana (So–Do 16.30–1, Fr/Sa 16.30–3 Uhr, im Sommer auch mittags | Tel. 02 17 88 71 62)*, eine charmante Bar, in der besonders am Wochenende tolle Partys mit Livemusik gefeiert werden. Den Namen verdankt der Ort der Tradition, aus verbrannten Muscheln Kalk zu gewinnen. Die Briten, die im frühen 19. Jh. hierher kamen, nutzten den Ort als Stützpunkt für den Walfang. Später wurde Kalk Bay vor allem als Sommerresidenz für Besserverdienende beliebt. Weil ab den 1920er-Jahren die Wirtschaft jahrzehntelang am Boden lag, wurde in dieser Zeit kaum gebaut, weshalb die schönen alten Wohn- und Geschäftsgebäude nicht von Neubauten verdrängt wurden. Entlang der Main Road finden Sie Antiquitäten- und Porzellanläden sowie Cafés. Im *Olympia Café and Deli (tgl. | 134 Main Road)* können Sie ausgezeichnet frühstücken. Brechen Sie danach zum Bummel durch die

ENTSPANNEN & GENIESSEN

Lassen Sie sich Verspannungen doch einfach von kundigen Händen wegmassieren. ● *Eslinah Magemgenene* **(0)** (*N11–12*) *(43 Dean Street | Newlands | Tel. 02 16 89 51 26 | www.beautyondean.co.za)* verlor ihr Augenlicht durch eine Krankheit. Aber sie weigerte sich, auch ihren Lebensmut zu verlieren. Heute betreibt sie in Newlands ein erfolgreiches Massagestudio. 270 Rand für eine Stunde sind sehr preiswert. Auf die Technik der „schwedischen Massage" hat sich das ● *Equinox Spa* **(136 B2)** (*E2*) *(60 Min. 500 Rand | 47 Main Road | Green Point | Tel. 02 14 30 05 12)* im Hotel *Cape Royale* spezialisiert. Dabei werden Sie mit Kerzenwachs massiert, das Sojaöl enthält.

SEHENSWERTES

Galerien, Antiquariate und Boutiquen der Nachbarschaft auf.

Etwas ganz Besonderes können Sie ein paar Kilometer hinter Kalk Bay erleben: Jenni Trethowan führt von Glencairn aus Besucher INSIDER TIPP zu den wilden Pavianherden, die auf der Halbinsel leben. Auf den zweistündigen Wanderungen findet man sich irgendwann umringt von Affen wieder *(250 Rand | Tel. 02 17 83 26 30)*.

Fahren Sie weiter Richtung Süden zur Pinguinkolonie in *The Boulders*. Sie kommen dabei durch *Simon's Town,* den Marinestützpunkt am Kap. Die Hauptstraße säumen viktorianische Stadthäuser; das touristische Zentrum des Ortes ist die Quayside, eine Art Mini-Waterfront. Hinter Simon's Town folgt der Abzweig zur Pinguinkolonie The Boulders *(Dez./Jan. tgl. 7–19.30, Feb.–März tgl. 8–18, April–Nov. tgl. 8–17 Uhr | 25 Rand | Tel. 02 17 86 17 58)*. Aus zwei Pärchen, die 1982 hier angesiedelt wurden, sind mittlerweile ca. 3000 Pinguine geworden. Die Tiere lassen sich von den Besuchern nicht aus der Ruhe bringen. Man kann hier sogar mit Pinguinen schwimmen.

KAP DER GUTEN HOFFNUNG ★
(U B6) (Ⓜ b6)
Der Ausflug führt am frühen Morgen zum gut 60 km entfernten *Kap der Guten Hoffnung*. Die Rückfahrt wird von mehreren Stopps unterbrochen: Planen Sie einen Ausritt am Strand von *Noordhoek* und eine Fahrt über *Chapman's Peak Drive* ein. Am Abend genießen Sie fangfrischen Fisch im Hafen von *Hout Bay*.

Brechen Sie am frühen Morgen auf, dann haben Sie die ruhigen Stunden am Kap für sich. Fahren Sie über die M3 Richtung Muizenberg und folgen Sie der Wegbeschreibung zum „Cape Point". Für den Besuch sollten Sie sich den ganzen Vormittag Zeit nehmen: Das Kap ist zu Recht eines der beliebtesten Touristenziele der Region *(Nov.–Jan. tgl. 6–20, Feb.–April,*

Grandioses Spektakel in der False Bay: ein weißer Hai auf Beutejagd

AUSFLÜGE

Holzstege führen entlang der Küste durch das Naturschutzgebiet am Kap

Aug.–Okt. 7–19, Mai–Juli 8–18 Uhr | Eintritt 55 Rand | www.tmnp.co.za). Auf der 7750 ha großen Fläche des Parks leben u. a. wilde Zebras, Paviane, Antilopen und Strauße. Die meisten Tierarten bekommt man auch zu Gesicht, sei es vom Auto aus, oder wenn man eine der Wanderstrecken auf dem Gelände abläuft. Der Großteil der Besucher legt nur einen Halt an den beiden Leuchttürmen am *Cape Point* und einen Fotostopp am „Cape of Good Hope"-Schild ein, das weiter westlich steht. Daher kann man den Touristenströmen leicht entgehen.

Um sich auf dem Gelände zu orientieren, stoppen Sie zunächst im *Buffelsfontein Visitor Centre (ausgeschildert, auf halber Strecke zwischen Einlass und Cape Point | Tel. 02 17 80 92 04).* Dort gibt es Karten und Infos zu den Wanderrouten (von 40 Min. bis zu zwei Tagen) und zu den Strecken an die Strände. Seien Sie vor den Pavianen auf der Hut, von denen es fünf Herden gibt. Wenn die Affen in der Nähe sind, packen Sie Ihr Essen besser nicht aus, sonst ist die Gefahr groß, dass Ihnen das Brot aus der Hand gerissen wird. Füttern ist verboten und wird mit Geldbußen bestraft.

Fahren Sie dann vom Kap der Guten Hoffnung entlang der Westküste durch *Scarborough* und *Kommetjie* in Richtung *Noordhoek*. Hier können Sie INSIDER TIPP den Strand auf dem Pferderücken erkunden. Der kilometerlange Strand ist zum Baden vor allem unter der Woche leider nicht zu empfehlen, weil es hier sehr einsam ist und gelegentlich zu Überfällen kommt. Im Sattel sitzend muss man sich aber keine Sorgen machen. Die *Imhoff Farm (tgl. 9, 12, 16 Uhr | ca. 2 Std., ab 300 Rand | an der M 65, ca. 5 km von der M 64 | Tel. 02 17 83 11 68, 08 27 74 11 91)* bietet Ausritte an.

Ein besonders malerischer Streckenabschnitt, der Noordhoek mit Hout Bay verbindet, ist der *Chapman's Peak Drive (26 Rand/PKW).* Die 10 km lange Küstenstrecke wurde ab 1915 in den Berg gesprengt – gut 150 m über dem Meeresspiegel. Die Ausblicke auf den Strand von Noordhoek, Hout Bay und das Meer sind unglaublich schön. Allerdings ist der *Chapman's Peak Drive* immer wieder für

SEHENSWERTES

Reparaturarbeiten oder wegen schlechten Wetters gesperrt. Alternativ führt die Strecke über die M 64 durchs *Silvermine Nature Reserve,* M 3 und M 63 nach *Hout Bay.*

T'Houtbaaitjen bedeutet Holzbucht; den Namen gab Jan van Riebeeck dem heutigen Hout Bay 1652. Hier endet die Küstenstraße. Den industriellen Aufstieg hat Hout Bay aber nicht dem Holz, sondern dem Fischfang und dem Export von Fischkonserven zu verdanken. Sie können die Robben auf *Duiker Island* von einem Boot aus beobachten. Mehr Spaß macht es, **INSIDER TIPP** mit den Tieren zu tauchen. Steve Benjamin bietet bei *Animal Ocean's Seal Snorkeling* (Nov.–Feb. 9 Uhr, Sept.–Okt., März/April 10 Uhr | 3 Std. schnorcheln 600, tauchen 750 Rand inkl. Ausrüstung | Hout Bay Harbour | Tel. 072 296 91 32 | www.sealsnorkeling.com) unvergessliche Ausflüge an.

Das bekannteste Restaurant am Hafen ist *Wharfside Grill* (tgl. 9–22.30 Uhr | Harbour Road | Tel. 021 790 11 00 | €€). Hier servieren Kellner in Matrosenkostümen auf der schönen Terrasse eine Vielzahl von Fischgerichten. Wer es bodenständiger mag, fährt zum Ende der Harbour Road und bestellt im etwas versteckten *Fish on The Rocks* (tgl. 10.30–20.30 Uhr | 1 Harbour Road | Tel. 021 790 00 01 | €) Fish & Chips oder Garnelen. Folgen Sie nach dem Essen der Beschilderung in Richtung Kapstadt; die Straße führt Sie nach *Camps Bay.* Dort können Sie den Abend mit einem Cocktail an der Strandpromenade beschließen.

BÜCHER & FILME

Der lange Weg zu Freiheit – Das bewegte Leben Nelson Mandelas, der es schaffte, Schwarze wie Weiße hinter sich zu vereinen, ist eng mit der Geschichte des Landes verwoben. 2013 kam eine erfolgreiche Verfilmung mit Idris Elba in die Kinos.

Schande – Die Bücher des aus Kapstadt stammenden Literatur-Nobelpreisträgers J. M. Coetzee wie dieser mehrfach prämierte Roman vermitteln einen Einblick in die noch immer existierenden Rassenprobleme Südafrikas.

Gott, Aids, Afrika – Stefan Hippler ist Pfarrer der deutschsprachigen katholischen Gemeinde Kapstadts und Initiator des HIV/Aids-Projekts „Hope". Gemeinsam mit dem „Zeit"-Korrespondenten Bartholomäus Grill beschreibt er, wie HIV in Südafrika wütet, und berichtet vom Kampf gegen die Pandemie.

District 9 – Der Science-Fiction-Film wurde 2009 fast ausschließlich mit einheimischen Schauspielern gedreht. Die Handlung ist von Ereignissen im Kapstädter Stadtteil District Six inspiriert, dessen Bewohner während der Apartheid zwangsumgesiedelt wurden. Der Film wurde für vier Oscars nominiert.

Searching for Sugarman – Die Musik des One-Album-Wonders Sixto Rodriguez wurde in Südafrika Kult, während der ahnungslose Rodriguez in den USA seine Karriere für beendet hielt. Der Dokumentarfilmer Malik Bendjelloul folgte 2012 der Suche eines Kapstädter Musikladenbesitzers nach Rodriguez und gewann dafür einen Oscar.

ESSEN & TRINKEN

Die Küche Kapstadts ist genauso abwechslungsreich wie außergewöhnlich. Sie beginnt bei afrikanischen Spezialitäten, die vom ganzen Kontinent stammen, geht über zu indischen Currygerichten und endet noch lange nicht bei kapmalaiischen Leckereien, den für Kapstadt typischen Delikatessen: Die sind die Resultate der Mischung aus malaiischer und europäischer Esskultur.

Vor allem die Gewürze aus dem ostindischen Raum sind charakteristisch für die kapmalaiische Küche. Aber auch die europäische und die asiatische Küche gehören zum kulinarischen Angebot. Was die Kapstädter Restaurantszene so spannend macht, ist der Ideenreichtum der Küchenchefs: Sie vermischen afrikanische Einflüsse mit europäischen Rezepten, braten Steaks mit herber Schokolade und Chilischoten und backen Pizza mit frischer *Butternut* (einer für die kapmalaiische Küche typischen Kürbisart). Und natürlich sieht man den Speisekarten an, dass Kapstadt am Meer liegt: Aus der riesigen Auswahl an frischen Meeresfrüchten, die die Fischerboote Tag für Tag mit an Land bringen, bereiten die Köche vorzügliche Gerichte.

Gourmets kommen am Kap voll auf ihre Kosten, denn vor allem die Restaurants gehobener Klasse mit berühmten Küchenchefs und außergewöhnlichem Service sind vergleichsweise günstig. Auch die hervorrragenden Weine der Region sind äußerst preiswert. Die Kapstädter bringen sich ihren Wein allerdings auch gerne selbst mit und zahlen in Restau-

Bild: Restaurant Nobu

Kühne Küche: Kapstadts phantasievolle Köche vermischen Rezepte aus der ganzen Welt und kreieren daraus innovative Menüs

rants, wo dies gestattet ist, eine *corkage fee*, eine geringe Gebühr von ca. 20 Rand für das Entkorken der Flasche. Die halbleeren Flaschen nehmen sie wieder mit nach Hause, genau wie das Essen, das sie nicht mehr geschafft haben, aber auf keinen Fall zurückgeben wollen. Am Handgelenk tragen elegante Kapstädter Damen auf dem Weg nach Hause daher nicht nur ihre Handtasche, sondern auch gern das *doggy bag*.

Neben Chardonnay, Shiraz und Pinotage der Region ist zu Tisch vor allem Bier sehr beliebt, besonders „Castle" und das in Namibia nach deutschem Reinheitsgebot gebraute „Windhoek". Und nach dem Essen räumt nichts so gut den Magen auf wie ein Brandy, für den z. B. die Weingenossenschaft KWV aus Paarl berühmt ist. Weil sich die meisten Restaurants großer Beliebtheit erfreuen, lohnt es sich in jedem Fall, vorher einen Tisch zu reservieren. Gehen Sie nicht zweimal in das gleiche Restaurant: Es gibt einfach so viele gute, dass man jeden Abend ein Neues ausprobieren kann – und sollte.

CAFÉS/BISTROS

Lockerer und leckerer Treff in Greenpoint: Giovanni's

CAFÉS/BISTROS

BISTRO 1682 (U B3) (*b3*)
Steenberg war die erste Farm am Kap, ihre heutigen Besitzer nannten das Bistro nach dem Gründungsjahr: 1682. Die Architektur des 2009 eröffneten Restaurants ist allerdings schnörkellos modern. Kehren Sie hier für die berühmten Tapas nach einer Runde Golf auf dem wunderbaren Grün des Anwesens ein. Die von Wasser umgebene Terrasse ist eine der schönsten der Stadt. *Mo–So 9–20.30 Uhr | Steenberg Vineyards | Steenberg | Tel. 02 17 13 22 11*

CAFÉ HAAS (137 E5) (*H5*)
Das schräg-gemütliche Café serviert nicht nur tollen Kuchen, es dient auch als Galerie. So sitzt man in Omas Sesseln zwischen Holzkaninchen und Reh-Imitaten. Der Cappuccino ist klasse, und wer will und kann, bestellt sich einen Kopi Luwak, den teuersten Kaffee der Welt. *Mo–Fr 7–17, Sa/So 8–15 Uhr | 19 Buitenkant Street | Central | Tel. 02 14 61 00 96*

CHEFS WAREHOUSE (137 D4) (*G4*)
In der besten Tapasbar in Kapstadt arbeiten Mitarbeiter aus einem halben Dutzend Ländern – die jeweilige Kochkunst mischt sich hier sehr gelungen. Der ideale Ort für ein frühes Dinner. *Mo–Fr. 12–14.30, 16.30–20 Uhr, Sa 12–14.30 Uhr | 92 Bree Street | Central | www.chefswarehouse.co.za*

GIOVANNI'S (136 B2) (*E2*)
Wer edlen Schinken mag, der sollte dieses Bistro gegenüber dem Fußball-WM-Stadion in Greenpoint aufsuchen. Hier gibt's ein tolles Delikatessensortiment, Tageszeitungen und guten Espresso. Und die Strandpromenade ist nur 5 Min. entfernt. Lassen Sie sich, bevor Sie ans Meer gehen, noch ein Baguette für den Weg zubereiten! *Tgl. 7.30–21 Uhr | 103 Main Road | Green Point | Tel. 02 14 34 68 93*

HOUSE OF MACHINES
(137 D4) (*G4*)
Ist das ein Bikeshop, ein Pub oder ein Café? In jedem Fall eine großartige Mi-

ESSEN & TRINKEN

schung. Inspiriert von Kaffeeläden der US-Westküste, werden in frühindustriellem Charme leichte Speisen und hauseigener Kaffee angeboten, hinter einer Scheibe können Sie beobachten, wie kultige Motorräder montiert werden. *Mo–Fr 7–16 Uhr, Sa/So 9–2 Uhr | 84 Shortmarket Street | Central | Tel. 02 14 26 14 00*

MOUNT NELSON HOTEL
(136 C5) (*F5*)

In einem der edelsten Hotels der Stadt wird nachmittags ein immenses Büfett mit vorzüglichen Kuchen und Sandwiches aufgebaut *(295 Rand)*. Dann sind auch die zum *High Tea* geladen, die nicht im Hotel wohnen. *Tgl. 13.30 und 15.30 Uhr | 76 Orange Street | Gardens | Tel. 02 14 83 10 00*

INSIDER TIPP ▶ MZOLI'S PLACE
(U C2) (*c2*)

Kein Café, sondern ein populäreres Township-Restaurant in Gugulethu. Der Besuch empfiehlt sich nur bis nachmittags, um kein Risiko einzugehen. Bitten Sie einen Fremdenführer, Sie zu begleiten. Lohnenswert, denn hier mischen sich Township-Bewohner und Touristen. *Mo–Fr 9–18.30, Sa/So 9–20 Uhr | Shop 3 | NY 115 Street | Gugulethu | Tel. 02 16 38 13 55*

ORIGIN (137 D3) (*G3*)

Hier wird Kaffee als Kunstform zelebriert. Wem bei den unzähligen Sorten der Durchblick fehlt: In der angeschlossenen Barista-Akademie kann man sich in die Geheimnisse der Kaffeewelt einweihen lassen. Auch eine Rösterei gehört zum Café. Es gibt auch über 100 Teesorten. *Mo–Fr 7–17, Sa 9–14 Uhr | 28 Hudson Street | Central | Tel. 02 14 21 10 00*

THE SIDEWALK CAFÉ ★ (0) (*H7*)

Das Café der Herzen: So ist es eingerichtet, und so wird es betrieben. Überall Herzen: Sie hängen von der Decke, stehen neben Antiquitäten, kleben an den Fenstern – und es wirkt trotzdem nicht kitschig. Ein absolutes Muss, mit großartiger Küche! *Mo–Sa 8–22, So 9–14 Uhr | 33 Derry Street | Vredehoek | www.sidewalk.co.za | Tel. 02 14 61 28 39*

TA-DA! CRÊPERIE & COFFEE BAR
(U A3) (*a3*)

Passionierte Surfer haben in Hout Bay einen der entspanntesten Orte der Stadt geschaffen. Hier gibt es den besten Crêpe *(Fat Freddy)*, starken Kaffee und im Winter einen Kamin, vor dem sich allerdings meist schon die beiden Hunde der Besitzer breitgemacht haben. *Mo–So 7.30–17 Uhr | 37 Victoria Road | Hout Bay | Tel. 02 17 90 81 32*

TRUTH CAFÉ HQ (137 E5) (*G5*)

In der Nähe des District Six Museums steht die wohl größte Kaffeemaschine der Stadt. Kaffeeguru David Donde hat

---

MARCO POLO HIGHLIGHTS

★ **Azure**
Dinieren mit direktem Blick auf den Atlantik → S. 58

★ **The Africa Café**
Der ganze kulinarische Reichtum des Kontinents → S. 59

★ **The Sidewalk Café**
Café mit viel Charme und Herzblut → S. 57

★ **Fork**
Die hohe Schule der Tapas-Küche – sehr trendy → S. 60

★ **Pigalle**
Das Lieblingsrestaurant der Kapstädter → S. 61

RESTAURANTS €€€

hier ein Kunstwerk im punkig-stählernen Industriestil geschaffen und verspricht: Unsere Bohnen schmecken so gut, dass keiner Zucker braucht. *Mo–Do 7–18, Fr 7–23, Sa 8–18, So 8–14 Uhr | 36 Buitenkant Street | Central | Tel. 02 12 00 04 40*

RESTAURANTS €€€

AUBERGINE (137 D6) (*G6*)

Auf historischen Kirchenbänken lässt man sich vom Sommelier durch die umfangreiche Weinkarte führen, um anschließend aus der noch ausführlicheren Speisekarte eines der vorzüglichen Menüs zu wählen. *Mo–Sa 7–10, Mi–Fr auch 12–2 Uhr | 39 Barnet Street | Gardens | Tel. 02 14 65 00 00 | www.aubergine.co.za*

AZURE ★ ● ☼ (134 A6) (*A11*)

Es gibt kaum einen schöneren Ort, um einen Sundowner und ein Dinner mit Blick aufs Meer zu genießen, als die Terrasse des Hotels *Twelve Apostles* in Camps Bay. Besonders zu empfehlen sind Fynbosmenüs, in denen die im Garten wachsenden Fynbospflanzen – Gewächse, die zum Großteil nur in der Kapregi-

GOURMETTEMPEL

La Colombe (U B3) (*b3*)

Auf dem Weingut *Constantia Uitsig* liegt eins der besten Restaurants Südafrikas. Chef Luke Dale-Roberts sorgt für besonderen Gaumenkitzel: Seine mit asiatischen Noten angereicherten Variationen französischer Küche wurden mit Preisen überhäuft. Menü ca. 60 Euro. *Tgl. 12.30–14.30, 19.30–21.30 Uhr | Spaanschemat River Road | Constantia | Tel. 02 17 94 23 90 | www.lacolombe.co.za*

Constantia Uitsig (U B3) (*b3*)

Restaurant im alten Manor House des Weinguts *Constantia Uitsig* im bezaubernden Constantia-Tal (20 Automin. von der Innenstadt). Auf der Karte italienische Menüs, denen Frank Swainston gern asiatische Einflüsse untermischt. Menü ca. 30 Euro. *Tgl. 12–14.30, 19–21.30 Uhr | Spaanschemat River Road | Constantia | Tel. 02 17 94 44 80*

The Greenhouse (U B3) (*b3*)

In einem historischen Gebäude in den Constantia Winelands finden Sie eins der besten Restaurants Südafrikas. Geboten werden innovative Gerichte und regionale Spitzenweine. Menü ca. 43 Euro. *Di–Sa 19–21.30 Uhr | 93 Brommersvlei Road | Constantia | Tel. 02 17 94 21 37*

Nobu (137 D1) (*G2*)

Spitzenkoch Nobuyuki Matsuhisa verbindet in seinen Gerichten klassische japanische Küche mit südamerikanischen Zutaten. Besonders empfehlenswert ist der gebratene Sake-Weißfisch mit Jalapena. *Mo–So 18–23 Uhr | Dock Road | Victoria & Alfred Waterfront | Tel. 02 14 31 52 30*

95 Keerom (137 D5) (*G5*)

Der eleganteste Italiener der Stadt. Sie sitzen im Schatten eines alten Olivenbaums und genießen die hervorragende Küche – z. B. die sensationellen Gnocchi. Menü ca. 25 Euro. *Mo–Sa 19–23, Do/Fr auch 12–14 Uhr | 95 Keerom Street | Central | Tel. 02 14 22 07 65 | www.95keerom.com*

ESSEN & TRINKEN

Die Köche im Restaurant Bukhara zaubern die besten Currys der Stadt

on vorkommen – verarbeitet sind. *Tgl. 7.30–10.30, 12.30–15.30, 18–22.30 Uhr | Twelve Apostles Hotel | Victoria Road | Oudekraal | Tel. 02 14 37 90 29*

BUKHARA (137 D4) (*G4*)

Das beste Curryrestaurant der Stadt. Ockerfarbene Wände und schönes Teakholzmobiliar verströmen eine warme Atmosphäre, durch eine Glaswand kann man einen Blick in die Küche werfen und den Köchen bei der Arbeit zuschauen. Hier fühlen Sie sich, als säßen Sie mitten in Delhi. *Mo–Sa 12–15, 18–23, So 18–22.30 Uhr | 33 Church Street | Central | Tel. 02 14 24 00 00 | www.bukhara.com*

PEPENERO (136 A1) (*C3*)

Im Vergleich zum traumhaften Ausblick gerät selbst das exzellente Essen in den Hintergrund. Das gehobene Restaurant mit edlem Ambiente ist direkt an der Uferpromenade gelegen und gilt als der perfekte Ort für einen ausgiebigen Lunch oder ein frühes Dinner. Viel schönere Orte, um den Sonnenuntergang zu beobachten, gibt es nicht. *Mo–So 12–1 Uhr | 1 Two Oceans Beach | Bay Road | Mouille Point | Tel. 02 14 39 90 27 | www.pepenero.co.za*

RESTAURANTS €€

THE AFRICA CAFÉ ★ (137 D4) (*G4*)

Die charmanteste Art, sich mit dem kulinarischen Reichtum Afrikas vertraut zu machen: Erst werden vom Büfett, das den ganzen Kontinent zwischen Tunesien und Südafrika abdeckt, kleine Portionen serviert. Anschließend kann man so oft nachbestellen, bis entweder der Magen schließt oder das Restaurant. *Tgl. 18–23 Uhr | 108 Shortmarket Street | Central | Tel. 02 14 22 02 21 | www.africacafe.co.za*

INSIDER TIPP BOMBAY BICYCLE CLUB (0) (*E6*)

Wer nur in Ruhe essen möchte, sollte einen weiten Bogen um dieses Restaurant machen. Es gibt keins, das wuseliger wäre. Und genau das ist der Grund, warum viele Kapstädter hier so gerne herkommen. Die Atmosphäre erinnert an Karneval, die kitschige Deko an ei-

RESTAURANTS €€

nen Londoner Gentlemen's Club. Spätestens um halb elf tanzt der halbe Laden zu Hits von Gloria Gaynor. *Mo–Sa 18–2 Uhr | 158 Kloof Street | Central | Tel. 02 14 23 68 05 | www.thebombay.co.za*

CARNE (137 D5) (*G5*)
Giorgio Nava gehört zu den bekanntesten Köchen Kapstadts, sein Restaurant mit gediegener Atmosphäre ist eine Top-Adresse für Steaks. Toll: Romagnola-Beef. Ein zweites *Carne* gibt's inzwischen auf der Kloof Street *(Nr. 153 | Gardens)*. *Mo–Sa 18.30–22 Uhr | 70 Keerom Street | Central | Tel. 02 14 24 34 60 | www.carne-sa.com*

LOW BUDGET

Ein günstiges Sandwichrestaurant, in dem viele ihre Mittagspause verbringen, ist das *Crush* **(137 D4)** *(G4)* *(Mo–Fr 7–17 Uhr | 100 St George's Mall | Tel. 02 14 22 55 33)*. Slogan: „Fresh Food Fast".

Im *Kauai* **(137 E4)** *(G4)* *(34b Long Street | Tel. 02 14 21 56 42)* gibt es nur Gesundes, z. B. Vollkornsandwiches mit Teriyakihuhn und Rote-Bete-Saft, das aber zu erschwinglichen Preisen. Sehr zu empfehlen sind die Smoothies. Lassen Sie sich die Bonuskarte geben, auf der Sie Punkte sammeln und sich so einen Frei-Shake verdienen können.

Mohamads Boerewors-Stand auf der Long Street **(137 D5)** *(F–G5)* ist eine Institution. Jeden Abend steht Mohamad im oberen Drittel der Long Street und verkauft gebratene Boerewors für 15 Rand.

FORK ★ (137 D4) (*G4*)
Derzeit *das* In-Restaurant auf der Long Street. Hier werden im schicken Großstadtambiente phantasievolle Tapas serviert, die man sich zu einem Degustationsmenü zusammenstellen kann. Nicht ganz billig, aber lohnend, besonders das Käsefondue. *Mo–Sa 12–23 Uhr | 84 Long Street | Central | Tel. 02 14 24 63 34 | www.fork-restaurants.co.za*

MANNA EPICURE (136 B6) (*E6*)
Mischung aus französischer, südafrikanischer und argentinischer Küche – in belebender, ganz in Weiß gehaltener Innenarchitektur. Und zum Nachtisch gibt es eine Weltklasse-Crème-brûlée. *Tgl. 8–21 Uhr | 151 Kloof Street | Central | www.mannaepicure.com*

MANO'S (136 C2) (*F2*)
Der richtige Ort für einen Lunch zum Start in den Abend. Die Speisekarte ist einfach, das Essen köstlich: Rump- oder Pfeffersteak mit Pommes Frites und Salat. Danach setzt man sich an die Cocktailbar und beschließt das weitere Programm. *Mo–Sa 12–23 Uhr | 39 Main Road | Green Point | Tel. 02 14 34 10 90*

MASSIMO'S (U B6) (*b6*)
Massimo und Tracy sind über die Stadtgrenzen hinweg für ihre Pizza bekannt, dünner und raffinierter bekommt sie niemand hin, auf Wunsch auch glutenfrei. Ihr Pizzaofen erwärmt im Winter den ganzen Raum. Sie haben das fröhlichste Personal der Stadt, die Atmosphäre ist sehr persönlich. *Mi–Fr 17–23, Sa/So 12–0 Uhr | Oakhurst Farm Park, Main Road | Hout Bay | Tel. 02 17 90 56 48*

INSIDER TIPP PANAMA JACK'S (139 D2) (*M4*)
Die kleine Fischtaverne inmitten von Lagerhallen und Hafengebäuden ser-

ESSEN & TRINKEN

viert den Fisch, den die Boote gerade an Land gebracht haben. Schon die Fahrt durch den Kapstädter Hafen ist einen Besuch wert. *So–Fr 12.30–15 und tgl. 18.30–23 Uhr | 500 Quay | Hafen | Tel. 02 14 47 39 92 | www.panamajacks.net*

ßen nach einem delikatem Fischgericht (portugiesische Küche) einen Brandy, die Jüngeren gehen gerne zur Bar und später auf die Tanzfläche. *Mo–Sa 12–15, 19–23 Uhr | 57a Somerset Road | Green Point | Tel. 02 14 21 48 48*

Im Pepper Club on the Beach speisen Sie mit Blick auf den Strand von Camps

PEPPER CLUB ON THE BEACH
(134 A3) (*B9*)
Fisch oder Fleisch kann man sich an der Theke selbst aussuchen, bevor es zubereitet wird. Eins der lässigsten und schicksten Restaurants der Promenade von Camps Bay. *Tgl. 12–23.30 Uhr | Victoria Road | Camps Bay | Tel. 02 14 38 31 74*

LA PERLA (135 E2) (*C4*)
Von der Terrasse an der Strandpromenade in Sea Point beobachtet man das Meer und die Flaneure. Die Küche ist so elegant wie das Ambiente. Der Chefkellner scherzt mit den Gästen. *Tgl. 11–23 Uhr | Beach Road | Sea Point | Tel. 02 14 39 95 38*

PIGALLE ★ (137 D3) (*G3*)
Das Lieblingsrestaurant der Kapstädter nahezu jeden Alters. Die Älteren genie-

TAKUMI SUSHI (136 C5) (*F5*)
Seit vielen Jahren gilt Papa San, der sich seinem 70. Lebensjahr nähert, als der beste Sushimeister Kapstadts. Jetzt zieht es seine Fangemeinde in die Park Road. Die Zutaten zu seinen Saucen sind Staatsgeheimnisse, seine California Rolls (auch schon mal mit Banane oder Himbeere) legendär. *Mo–Fr 12–2 Uhr, Sa/So 18–22 Uhr | 3 Park Road | Tamboerskloof | Tel. 02 14 24 88 79*

THEO'S GRILL & BUTCHER
(136 A1) (*D2*)
Das elegante Steakrestaurant liegt direkt an der Promenade von Mouille Point, neben den Steaks sind auch die vielfältigen Gerichte mit Meeresfrüchten und die frischen Salate ganz ausgezeichnet. *Tgl. 11–23 Uhr | 163 Beach Road | Mouille Point | Tel. 02 14 39 34 94*

RESTAURANTS €

SPEZIALITÄTEN

Biltong – luftgetrocknetes Rind- oder Wildfleisch; ein beliebter traditioneller Snack. In den meisten Shopping-Malls gibt es Fachgeschäfte, die alle denkbaren Varianten anbieten
Bobotie – kapmalaiische Spezialität, ein mit Curry gewürzter und dadurch leicht süßlicher Auflauf aus Lammhackfleisch mit Eigelbglasur
Boerewors – gewürzte, fette Mettbratwurst der „Boere" (Bauern), die gegrillt wird. In der Innenstadt wird sie an vielen Straßenständen mit gerösteten Zwiebeln im Hot-Dog-Brötchen angeboten; beliebt bei den Nachtschwärmern auf der Long Street
Crayfish – Hummerart, die am Kap frisch gefangen wird; trotz gestiegener Preise immer noch günstig (Foto li.)
Game – Sammelbegriff für Wild. Besonders beliebt sind die zahlreichen Antilopenarten, wie z. B. Springbok (das Nationaltier Südafrikas) oder Eland, die größte Antilopenrasse
Karoo Lamb – das Lamm aus der Karoo ist natürlich vorgewürzt. In der kargen Landschaft der Karoo ernähren sich die Schafe von aromatischen Kräutern
Koeksisters – Teigringe, ähnlich wie Donuts, nur geflochten. Das sehr süße Gebäck wird nach dem Frittieren zusätzlich meist in Sirup getaucht
Pap and Chakalaka – fester Brei aus Maismehl, zu dem Chakalaka gereicht wird, eine scharfe Soße aus Tomaten, Zwiebeln und Paprika
Perlemoen – handgroße Seeohrmuschel, die auch Abalone genannt wird
Rooibos Tea – der auch in Deutschland immer beliebtere Tee wird in Südafrika produziert. Rooibos ist koffeinfrei und dadurch sehr bekömmlich
Samoosas – frittierte Teigtaschen, gefüllt mit leicht scharfem Rinderhack, Hühnerfleisch oder Gemüse (Foto re.)
Waterblommetjie-Bredie – Eintopf mit Fleisch, Gemüse und den Blüten einer seerosenähnlichen Wasserpflanze

RESTAURANTS €

ADDIS IN CAPE (137 D4) (*m* G4)
Von außen ein eher unscheinbar wirkendes Restaurant, aber oben – im 1. Stock – wird authentische äthiopische Küche serviert, die zu den besten ganz Afrikas gehört. Gegessen wird hier stilecht mit den Händen. Originell und unbedingt empfehlenswert! *Mo–Sa 17.30–22.30 Uhr | 41 Church Street | Central | Tel. 02 14 24 57 22*

ESSEN & TRINKEN

BIESMIELLAH (136 C4) (*F4*)
Das Restaurant mit Plastikfolien über den Tischdecken und indischem Kitsch an den Wänden ist an einen Tante-Emma-Laden angeschlossen. Auf der Speisekarte stehen indische und kapmalaiische Delikatessen. Alkohol bekommen Sie in dem muslimischen Restaurant allerdings nicht. *Mo–Sa 12–22 Uhr | Pentz Street/Ecke Wale Street | Bo-Kaap | Tel. 02 14 23 08 50*

CAFÉ ROUX (U A4) (*a4*)
Auf einer Farm in Noordhoek werden u. a. leckere selbst gebackene Kuchen und frische Salate serviert. Und wenn Sie mit Kindern kommen, können Sie richtig entspannen: Es gibt einen Spielplatz und sogar einen Babysitter für die Kleinsten. Immer donnerstags wird der Grill zum Barbecue angefeuert. *Di–So 8–17 Uhr | 270 Chapman's Peak Drive | Noordhoek Farm Village | Noordhoek | Tel. 02 17 89 25 38*

CHEF PON'S ASIAN KITCHEN (137 D6) (*G6*)
Das bestbesuchte asiatische Restaurant der Stadt: Ohne Reservierung geht hier gar nichts! Im Thai-Ambiente sehr zu empfehlen: Leckereien wie die Huhn-Kokos-Suppe. *Tgl. 18–22.30 Uhr | 12 Mill Street | Gardens | Tel. 02 14 65 58 46*

GANESH (139 F5) (*N7*)
Kleines Hinterhofrestaurant mit afrikanischer Küche. Die Küche steht im Zentrum, die Töpfe hängen an den Wänden. Unkonventionell und günstig. *Mo–Sa ab 18 Uhr | 38 Trill Road/Ecke Lower Main Street | Observatory | Tel. 02 14 48 34 35*

MARCO'S AFRICAN PLACE (137 D3–4) (*G4*)
Hier gibt es leckeres afrikanisches Essen: Auf der Speisekarte stehen u. a. Straußen- und Krokodilfleisch, dazu werden Zulutänze aufgeführt. Und nach dem Dessert kann es passieren, dass Sie von den Tänzerinnen zum Mitmachen aufgefordert werden – ein großer Spaß (für den, der's mag ...)! *Di–Sa 12–24, So 15–24 Uhr | 15 Rose Street | Bo-Kaap | Tel. 02 14 23 54 12 | www.marcosafricanplace.co.za*

MESOPOTAMIA (137 D4) (*G4*)
Das erste kurdische Restaurant Südafrikas. Auf der Speisekarte stehen meist sehr scharfe orientalische Spezialitäten, gelegentlich treten hier auch Bauchtänzerinnen auf. *Mo–Sa 18–1 Uhr | Long Street/Ecke Church Street | Central | Tel. 02 14 24 46 64*

POSTICINO (135 F2) (*C3*)
Die sympathische und vor allem sehr günstige Alternative zu den teureren Kapstädter Szenerestaurants. Ein steinofenheißer Tipp: Die Pizza mit Butternut-Kürbis, Chili und Speck ist ganz ausgezeichnet. *Tgl. 12.30–23 Uhr | 323 Main Road | Sea Point | Tel. 02 14 39 40 14*

ROYALE EATERY (137 D5) (*F–G5*)
Dass Fastfood keineswegs langweilig und geschmacklos sein muss, beweist dieses hervorragende Schnellrestaurant auf der Ausgehmeile Long Street: Vor allem am Wochenende ist der Laden voll mit hungrigen Liebhabern von außergewöhnlichen Burgern. *Mo–Sa 12–23 Uhr | 273 Long Street | Central | Tel. 02 14 22 45 36*

SAIGON (136 C6) (*F6*)
Das einzige vietnamesische Restaurant der Stadt. Bei leckeren Asiagerichten liegt Ihnen Kapstadt hinter der Glasfront zu Füßen. *Tgl. 12–14.30, 18–22 Uhr | Kloof Street/Ecke Camp Street | Central | Tel. 02 14 24 76 69*

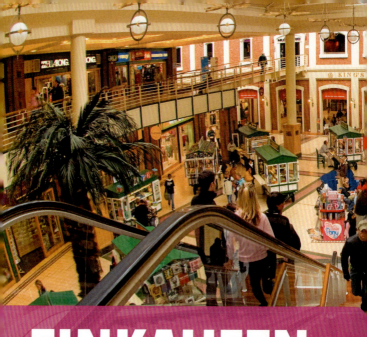

EINKAUFEN

WOHIN ZUERST?
Victoria & Alfred Waterfront (137 D–E1) *(G–H 1–2)*: Das Einkaufsparadies Kapstadts ist die V & A Waterfront. Parken Sie auf dem nicht überdachten Parkplatz beim Clock Tower, dort kostet der ganze Tag nur 10 Rand Gebühr. Von hier sind es nur ein paar Schritte.

Wer in Kapstadt erst mal seine Lust am Shoppen entdeckt hat, wird sich am Urlaubsende in einem Koffergeschäft wiederfinden – auf der Suche nach Taschen für das frisch erstandene Übergepäck.

In der Stadt gibt es mehrere Bummelhochburgen: In der Innenstadt, z. B. auf Long und Kloof Street, reihen sich Buchläden an Modeboutiquen und Weingeschäfte. Parallel liegt die St George's Mall, eine Fußgängerzone mit vielen Straßenständen.

Auf vielen Marktplätzen werden Blumen und afrikanisches Handwerk angeboten. Die Läden im Cape Quarter, im Viertel De Waterkant, sind voll von stilvollen Möbeln und Antiquitäten. Kommt man erst am Nachmittag zum Bummeln in die Innenstadt, muss man sich allerdings beeilen: Die meisten Geschäfte schließen bereits um 17 Uhr, am Samstag sogar schon am frühen Nachmittag. Bis in den Abend haben dagegen die Shopping-Malls geöffnet. Auch in diesen Malls lohnt sich die Suche nach ausgefallenen Boutiquen und originellen Läden. Und dann hat

Bild: Shopping-Mall der Victoria & Alfred Waterfront

Hier rollt der Rand: Von Drahtkunst bis Diamantenschmuck – aus Kapstadt können Sie Schätze mit nach Hause nehmen

man noch immer nicht alles gesehen: In den Orten an der False Bay, und dort besonders in Kalk Bay, gibt's eine Menge sehr charmanter Antiquitätengeschäfte und schräger, kleiner Lädchen, die leicht zum Großeinkauf verleiten. Die Preise sind wegen des erstarkten Rand inzwischen allerdings kaum günstiger als in Deutschland. Immerhin: Die Mehrwertsteuer kann man sich am Flughafen erstatten lassen – und, wenn es sein muss, auch in die Kosten für das Übergepäck investieren.

ANTIQUITÄTEN

ANTIQUE ARCADE (137 D4) *(ﾙ G4)*
Zwölf kleine Lädchen unter einem Dach: Neben Möbeln gibt es Porzellan und jede Menge charmanten Krimskrams.
127 Long Street | Central

PRIVATE COLLECTIONS
(137 D3) *(ﾙ G3)*
Weniger zum Kaufen, eher was zum Gucken. Wer hier etwas erwirbt, muss den nötigen Platz für die Indienimporte ha-

BÜCHER

Für Shopping Victims ist Kapstadt ein verführerisches Pflaster

ben: riesige geschnitzte Tore aus dem 17. Jh., Kronleuchter, Himmelbetten. Man fühlt sich wie in einem indischen Palast. *Mo–Sa 8–17, So 9–14 Uhr | 66 Waterkant Street | De Waterkant | www. privatecollections.co.za*

INSIDER TIPP THE WHATNOT & CHINA TOWN (U B4) (*b4*)

Eine schier unüberschaubare Auswahl an altem Porzellan, vergilbten Postkarten aus Kapstadt und historischen Schwarz-Weiß-Fotografien aus Hollywood. *Mo–Sa 9–17, So 9–16 (im Winter bis 15 Uhr) | 70 Main Road*

BÜCHER

BOOK LOUNGE ● (137 E5) (*G5*)

Wer in das intellektuelle Leben Kapstadts eintauchen möchte, der sollte das Programm der Book Lounge im Auge behalten. Im Keller des ausgezeichnet sortierten Buchladens stellen bei kostenlosem Wein und Snacks einige der bekanntesten Autoren des Landes regelmäßig ihre neuen Werke vor. *71 Roeland Street | Central | Tel. 2 14 62 24 25 | www.booklounge. co.za*

CLARKE'S ⭐ (137 D5) (*G5*)

Bezaubernder Buchladen, der bis zur Decke mit alten und neuen Büchern vollgestellt ist. Für alle, die sich näher mit Südafrika beschäftigen wollen, eine Fundgrube. Fast jedes Buch, das über Politik und Geschichte des Landes geschrieben wurde, steht im Regal, auch die Biografien von Freiheitskämpfern wie Steve Biko oder Oliver Tambo. *Mo–Fr 9–17, Sa 9–13 Uhr | 211 Long Street | Central | www. clarkesbooks.co.za*

KALK BAY BOOKS (U B4) (*b4*)

Man versinkt in den riesigen Sofas und kann entspannt schmökern. Gut sortierte Abteilung mit südafrikanischen Romanen international erfolgreicher Autoren wie J. M. Coetzee oder Nadine Gordimer. Auch die Newcomer der Literaturszene sind vertreten. *Tgl. 9–18 Uhr | 124 Main Road | Kalk Bay | www.kalkbaybook.co.za*

EINKAUFEN

DELIKATESSEN

DINKEL (136 B6) (*m E6*)
Wer in seinem Urlaub nicht auf Schrippen, Semmeln oder Brötchen verzichten kann: Deutsche Backwaren gibt es bei *Dinkel*. Neben den Brötchen liegen auch Roggenbrot und *Real German Pretzels* in der Auslage. *Mo–Fr 8–17, Sa 8–13, So 9.30–12.30 Uhr | 91 Kloof Nek Road | Central | www.dinkel.co.za*

INSIDER TIPP **MOUNTAIN VIEW CAFÉ AND TAKEAWAYS** (137 D4) (*m G4*)
Samoosas gehören zur kapmalaiischen Küche wie Kap zu Stadt: In diesem kleinen Take-away gibt's die besten zum Mitnehmen. *Tgl. 7.15–17.15 Uhr | 171 Long Street | Central*

TORINO (136 B6) (*m E5–6*)
Wer auf dem Weg zum Tafelberg köstliche Pralinen naschen möchte, hält hier an. Der Deutsche Roland Ramm bereitet die feine Schokolade im Keller zu. Spezialität: Orangenschale im Schokomantel. *Mo–Fr 9.30–17.30, Sa/So 10–18 Uhr | 43 Kloof Nek Road | Tamboerskloof*

DESIGN

INSIDER TIPP **MONTEBELLO DESIGN CENTRE** (0) (*m M11*)
Inmitten eines kleinen Wäldchens etwas außerhalb der Innenstadt liegt das Designzentrum: eine Oase, in der man Künstlern bei der Arbeit an Stahlskulpturen, an Diamantschmuck oder ausgefallenen Vasen zusehen kann. *31 Newlands Av. | Newlands | www.montebello.co.za*

SOUTH AFRICAN MARKET (SAM) (137 D4) (*m G2*)
Der South African Market ist ein Reservoir für trendige lokale Labels. Egal ob kunstvolle Ledertaschen fürs Laptop, Illustrationen oder Modekreationen von lokalen Designern wie Celeste Arendse's Selfi, Margot Molyneux und Shana – die Qualität ist hoch. Die Arbeit von 100 Künstlern wird hier angeboten: geballtes Talent! *107 Bree Street | Central | www.ilovesam.co.za*

EINKAUFSZENTREN

CANAL WALK (U B–C1) (*m b–c1*)
Eine riesige Einkaufsstadt im pseudovenezianischen Gewand. Hinter den auf alt getrimmten Mauern gibt es über 400 Läden, einen Fastfood-Park und ein großes Kino. *Tgl. 9–21 Uhr | Century Blvd. | Century City | Milnerton (ca. 20 km vom Stadtzentrum auf der N1 in Richtung Paarl) | www.canalwalk.co.za*

CAPE QUARTER (137 D3) (*m G3*)
Der Spagat zwischen Kommerz und verträumtem Ambiente gelingt hier vorzüglich. Schlendern Sie durch die Galerien und Geschäfte, stärken Sie sich in den tollen Restaurants im knallbunten Innen-

---

MARCO POLO HIGHLIGHTS

★ **Clarke's**
Beste Auswahl südafrikanischer Literatur → S. 66

★ **Pan-African Market**
Das Afrika-Kaufhaus Kapstadts mit Kunsthandwerk und Musik → S. 69

★ **Muizenberg Blue Bird Garage Market**
Eins der authentischsten Erlebnisse in Kapstadt → S. 70

★ **Caroline's Fine Wine Cellar**
Die erste Adresse für den Weineinkauf → S. 71

GALERIEN

hof. *Mo–Fr 9–18, Sa 9–16, So 10–14 Uhr | The Piazza | 72 Waterkant Street | Green Point | www.capequarter.co.za*

CAVENDISH SQUARE
(U B2–3) (*m* b2–3)

Außerhalb der Innenstadt für eine jüngere Zielgruppe. Neben den gängigen Marken gibt's auch Besonderes: Das *young designers emporium* hat hier seinen Hauptsitz. Jungdesigner verkaufen bei YDE ihre ausgefallenen Entwürfe so erfolgreich, dass das Geschäft auch an die V & A Waterfront expandiert hat. *Mo–Sa 9–19, So 10–17 Uhr | 1 Dreyer Street | Claremont | www.cavendish.co.za*

VICTORIA & ALFRED WATERFRONT
(137 D–E1) (*m* G–H 1–2)

Über das Viertel am Hafen verteilen sich mehrere Shopping-Malls, durch die jährlich 30 Mio. Menschen bummeln. Von Diesel bis Mont Blanc sind hier viele internationale Marken vertreten. Außerdem Geschäfte südafrikanischer Modeketten, Buch-, Foto- und Brillenläden sowie das bestsortierte Musikgeschäft der Stadt: Suchen Sie im *Musica Megastore* nach Kwaito, einem Musikstil aus Hip-Hop und House, und CDs von Jazzikonen wie Hugh Masekela oder Abdullah Ibrahim *(Dock Road Complex)*. Nicht zuletzt kommen die Menschen wegen der Livemusik: Auf den Piers spielen alte Männer auf E-Gitarren aus Öldosen, im Amphitheater tanzen Inder in traditionellen Gewändern. *Tgl. 9–21 Uhr | Hafen | www.waterfront.co.za*

WEMBLEY SQUARE (137 E6) (*m* G6)

Hier treffen Moderedakteurinnen und Fitnesslehrer beim Lunch aufeinander. In dem Center in Gardens sind sowohl Magazine wie „Elle" als auch ein Fitnessstudio untergebracht. Im Erdgeschoss gibt's Cafés, Boutiquen, Designläden. *Solan Road/Ecke Wesley Street | Gardens | www.wembleysquare.co.za*

GALERIEN

AVA GALLERY AND ART CENTER
(137 D4) (*m* G4)

In den Räumen der Association for Visual Arts (AVA) werden im Drei-Wochen-Turnus Arbeiten schon bekannter Künstler neben denen von Nachwuchstalenten ausgestellt. *35 Church Street | Central | www.ava.co.za*

INSIDER TIPP ▶ BELL-ROBERTS CONTEMPORARY ART GALLERY
(138 A3) (*m* J5)

Brendan und Suzette Bell-Roberts präsentieren in ihrer Galerie nicht nur Werke zeitgenössischer Künstler, sondern auch Publikationen ihres Kunstbuchverlags, u. a. das Kunstmagazin „artsouthafrica". In der Nachbarschaft gibt es noch weitere Galerien. Das Viertel Woodstock wird immer mehr von der Kreativszene erobert. *Fairweather House | 176 Sir Lowry Road | Woodstock | www.bell-roberts.com*

BLANK PROJECTS (138 B3) (*m* K5)

Die Non-Profit-Galerie bietet jungen Künstlern eine Plattform. Erfragen Sie die Vernissagetermine, und treffen Sie hier die Mitglieder der lokalen Kunstszene. *Öffnungszeiten auf Anfrage | 113–115 Sir Lowry Road | Woodstock | Tel. 07 21 98 92 21 | www.blankprojects.com*

ERDMANN CONTEMPORARY
(137 D4) (*m* G4)

Schaufenster für einige der besten Fotografen Afrikas. Oft schauen die Künstler in der Galerie der aus Namibia stammenden Galeristin Heidi Erdmann vorbei. *Mo–Fr 10–17, Sa 11–14 Uhr | 63 Shortmarket Street | Central | Tel. 02 14 22 27 62 | www.erdmanncontemporary.co.za*

EINKAUFEN

MICHAEL STEVENSON CONTEMPORARY (137 A3) (*J5*)
Die derzeit wohl beste Galerie für zeitgenössische Kunst in Kapstadt. Hier stellen regelmäßig einige der besten Kreativen Kapstadts aus. Stevenson ist auch in Johannesburg, den USA und Europa aktiv. *Mo–Fr 9–17, Sa 10–13 Uhr | 160 Sir Lowry Road | Woodstock | Tel. 02 14 62 15 00 | www.stevenson.info*

men werden über 200 Familien in den Townships unterstützt. *Mo–Fr 9–17, Sa bis 15 Uhr | 76 Long Street | Central*

INSIDER TIPP > STREETWIRES ♻
(137 D4) (*G4*)
Vom Schlüsselanhänger bis zum Kaffeetisch ist hier alles aus Draht. Die Preise dafür sind niedriger als etwa in der V&A Waterfront. *Streetwires* ist ein Sozialpro-

Im Pan-African Market werden Liebhaber traditioneller Holzschnitzkunst fündig

34 FINE ART (137 A3) (*J5*)
Die Galerie ist eine der führenden Kapstadts. Hier finden Sie Arbeiten von etablierten südafrikanischen und internationalen Künstlern. *160 Sir Lowry Road | Woodstock | www.34fineart.com*

KUNSTHANDWERK

PAN-AFRICAN MARKET ★
(137 D4) (*G4*)
Zur großen Auswahl an Arbeiten traditionellen Handwerks kommt ein nettes Musikgeschäft im 1. Stock. Von den Einnah-

jekt und beschäftigt Menschen, die zuvor arbeitslos waren. *Mo–Fr 9–17 Uhr | 77–79 Shortmarket Street | Central*

MÄRKTE

INSIDER TIPP BAY HARBOUR MARKET
(U A3) (*a3*)
Noch Geheimtipp, aber schon eine Attraktion. Wer sich nach einem Bummel zwischen den Lebensmittel- und Designerständen und einem Imbiss mit Austern und Wein noch nicht entspannt fühlt, der schaut dem Wochenendleben

MÄRKTE

im Hafen zu. Noch hungrig? Hinter dem Restaurant *Wharfside Grill* kann man den besten Thunfisch der Stadt zum Grillen kaufen. *Sa/So 10–17, im Sommer auch Fr 16–21 Uhr | 31 Harbour Road | Hout Bay*

CHURCH STREET ANTIQUE MARKET
(137 D4) (*ω G4*)

Direkt an der Long Street beginnt der kleine Markt, der nur aus wenigen Ständen besteht. Hier gibt es Handtaschen aus den 1960er-Jahren, Modeschmuck aus den 1920ern und alte Münzen. *Mo–Sa 9–16 Uhr | Church Street | Central*

LOW BUDG€T

Eine gute Adresse für markenbewusste Sparer ist *Access Park* **(U B3)** (*ω b3*) *(Ausfahrt Kenilworth, Racecourse)*: Nike, Puma, Guess und viele weitere Sport- und Modemarken verkaufen ihre Kollektionen im Outlet-Park an der M5 zu günstigen Preisen.

Fruit & Veg **(137 E6)** (*ω H5*) *(Drury Street/Ecke Kent | Central)* ist ein günstiger Obst- und Gemüsemarkt für alle, die gerne selber kochen. Hier gibt es von *Butternut* bis Papaya alles, was in eine südafrikanische Küche gehört – und das kann man sich direkt schälen und in mundgerechte Stücke schneiden lassen.

All die Design-, Architektur- und Modemagazine, die Monat für Monat aus dem Regal genommen werden, wenn die Folgeausgaben kommen, landen bei *Paper Weight* **(U B–C1)** (*ω b–c1*) *(Century Blvd. | Century City)* und sind hier für ein paar Rand zu haben.

FLOWER MARKET (137 E4) (*ω G4*)

Ein Blumenmeer in der Innenstadt: Seit hundert Jahren konkurrieren rote Rosen mit weißen Lilien und einheimischen Blumen wie der Protea. *Mo–Sa 9–17 Uhr | Adderley Street | Central*

MILNERTON FLEA MARKET
(U B1) (*ω b1*)

Trödlertraum vor zauberhafter Atlantik- und Tafelbergkulisse: Art-déco-Stücke, alte Magazine mit Sammlerwert, antiker Schmuck und Krimskrams, den kein Mensch braucht. Von der Innenstadt aus fährt man hierher ca. 20 Min. *Sa/So 7–15 Uhr | an der R 27 Richtung Milnerton*

MUIZENBERG BLUE BIRD GARAGE MARKET ★ (U B4) (*ω b4*)

An Freitagabenden treffen sich die Bewohner des Surferparadieses Muizenberg in einem alten Speicher. Künstler verkaufen hier ihre Waren, dazu gibt es eine Spielecke für Kinder (20 Rand), gesundes Essen und Livemusik von jungen Singer-Songwritern. Absolut großartig! *Fr 16–22 Uhr | Albertyn Road/Ecke Milner | Muizenberg | www.bluebirdgarage.blogspot.com*

INSIDER TIPP NEIGHBOURGOODS MARKET ● Ⓢ (139 D3) (*ω M5*)

Öko ist Trend – auch in Kapstadt. Aber das ist nur ein Grund, warum der Samstagsmarkt auf dem ehemaligen Industriegelände den Charakter eines Straßenfests hat. Denn zwischen all den Öko-Spezialitäten und handgemachten Pestos geht's hier vor allem um eins: in der Sonne sitzen und einen Drink mit ein paar Austern schlürfen. Auch unter der Woche kann man zum Shoppen kommen: In der ehemaligen Mühle sind Boutiquen und Galerien untergebracht, mitten in einem sozial benachteiligten Viertel, in dem sich langsam die Kapstäd-

EINKAUFEN

ter Boheme ausbreitet. *Sa 9–14 Uhr | Old Biscuit Mill | 373 Albert Road | Woodstock*

MODE

BLACK WOOD BROTHERS
(137 D4) (*G4*)

Kaum ein Laden fängt das Lebensgefühl der hippen Kapstädter Innenstadt derzeit so gut ein wie der von *Black Wood Brothers*. Hier gibt's neben der eigenen Kollektion die umweltfreundlich hergestellten Taschen von *Bleu de Chauffe* oder die maskulinen *Red-Wing*-Schuhe. Ein Geschäft nur für Männer – hier müssen mal die Frauen beim Shoppen zuschauen. *Mo–Fr 10–19, Sa bis 13 Uhr | 62 Shortmarket Street | Central | www.blkwood.co.za*

SCHMUCK

ICE JEWELLERS (U A3) (*a3*)

Ein unscheinbarer Laden in Hout Bay, doch Chefjuwelier Andrew Oliver nimmt sich Zeit, um individuelle Entwürfe zu erschwinglichen Preisen anzubieten. Ein Besuch lohnt sich besonders für Heiratswillige. *Mo–Fr 9–18, Sa 9–16, So 9–14 Uhr | Shop C11, Mainstream Shopping Centre | Main Road/Ecke Princess | Hout Bay | www.icejewellers.com*

JEWEL AFRICA (136 C4) (*F4*)

Hier kann man nicht nur Schmuck kaufen, sondern den Schmuckmachern auch über die Schulter schauen. Kostenlose Touren in die Goldkettenproduktion und die Diamantschleiferei. Auf Wunsch werden Sie abgeholt. *Mo–Fr 9–19.30, Sa 9–17.30, So 16–19 Uhr | Tel. 21 4 24 51 41 | 170 Buitengracht Street | Central*

OLIVE GREEN CAT (137 D4) (*G4*)

Acryl – egal ob als Fassung für Diamanten oder als breiter Armreif mit graviertem Muster – ist das Lieblingsmaterial der Schmuckdesignerinnen Philippa Green und Ida Elsje, die ihre außergewöhnlichen Stücke hier anbieten. *76 Church Street | Central | www.olivegreencat.com*

Auslagen in Caroline's Fine Wine Cellar

WEIN

CAROLINE'S FINE WINE CELLAR ★
(137 D–E4) (*G4*)

Die Auswahl an Kapweinen und *Cap Classique*, der südafrikanischen Antwort auf Champagner, ist überwältigend. Auf Wunsch wird der Einkauf auch nach Deutschland verschifft. *Mo–Fr 9–17.30, Sa bis 13 Uhr | 62 Strand Street | Central*

VAUGHAN JOHNSON'S WINE SHOP
(137 D1) (*G2*)

Hier werden Sie nicht nur bei der Wein-, sondern auch bei der Zigarrenwahl bestens beraten. Beim Einkauf könnte Ihnen durchaus der ein oder andere Promi über den Weg laufen. *Mo–Fr 9–18, Sa 9–17, So 10–17 Uhr | V & A Waterfront | Dock Road*

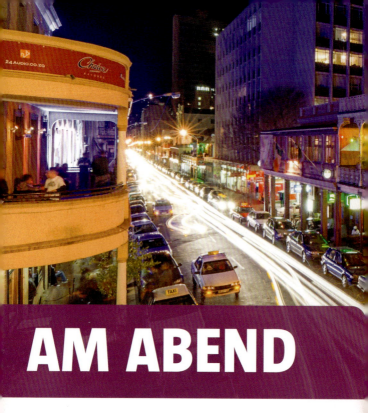

AM ABEND

CITY WOHIN ZUERST?
Long Street (137 D5–E3)
(*F5–H3*): Das Zentrum des Kapstädter Nachtlebens ist die lebhafte Long Street. Parken Sie in der Loop Street, die parallel verläuft. Auch in der Kloof Street, in die die Long Street am südlichen Ende übergeht, sind eher Parkplätze verfügbar. Fragen Sie die Car Guards, wo es Parklücken gibt. Studenten und Traveller treffen sich eher im alternativ angehauchten Stadtviertel **Observatory** rund um die Lower Main Road. Und wer gern einen gepflegten Cocktail trinkt, nimmt den am besten im **Cape Quarter** in De Waterkant ein.

Sobald die Sonne im Atlantik versunken ist, erwacht das Kapstädter Nachtleben: Das Zentrum des Kapstädter Nachtlebens sind die lebhafte Long Street und die immer beliebter werdende ● **Bree Street**. Dort öffnen angesagte Kneipen und Clubs ihre Türen, die sie erst morgens gegen vier wieder schließen.

Die spektakulärsten Abende sind derzeit die ● jeweils ersten Donnerstage des Monats. Dann haben die Galerien auch am Abend geöffnet *(www.first-thursdays.co.za)*, und häufig gibt's dann gratis ein Glas Wein. Tausende treffen sich auf der Bree Street und den umliegenden Straßen. An keinem anderen Tag sprüht die Stadt so vor Leben. An der Promenade von Camps Bay drängt das Partyvolk, das auch gerne abends noch Sonnen-

Bild: Long Street

Violinen und Varieté: Kapstädter Nächte sind lang – nach Konzert und Kabarett öffnen die zahllosen Bars und Clubs ihre Türen

brille zum Louis-Vuitton-Täschchen trägt, an allen Tagen in die Bars und Clubs. Und im Studentenviertel Observatory wird die Musik in den Billardcafés und Backpackerkneipen der Lower Main Road so laut aufgedreht, dass sie die ganze Straße beschallt. Der Eintritt in die Clubs ist häufig frei; wenn man bezahlen muss, dann ca. 3 bis 4 Euro. Wer auf einen stilvollen Abend bei einem Glas Wein Wert legt, muss nicht an der Hotelbar bleiben – auch wenn es angesagte wie die *Daddy Cool Bar* im Hotel *Grand Daddy* gibt.

Im Innenhof des Cape Quarter im Viertel De Waterkant z. B. stehen die Tische der umliegenden Bars, an denen man an vorzüglichem Wein und guten Cocktails nippt. Viele Locations besitzen kleine Bühnen, auf denen Livemusik von afrikanischem Jazz bis Reggae gespielt wird. Wem der Sinn nach Hochkultur steht, der ist in den großen Theatern wie dem *Artscape* gut aufgehoben: Hier werden Symphoniekonzerte, Ballett- und Theateraufführungen gegeben. Auch internationale Musicals sind häufig zu Gast. Das *Baxter*,

BARS & KNEIPEN

etwas außerhalb, zeigt Theater- und Comedyproduktionen.

Weil es kein Stadtmagazin mit aktuellen Terminen gibt, empfiehlt sich ein regelmäßiger Blick in die Presse: Die freitags erscheinende Wochenzeitung „Mail & Guardian" enthält einen ausführlichen Kulturteil für die ganze folgende Woche.

ger, das hier in Kapstadt gebraut wird. Bis um zehn Uhr abends hat in den Räumen nebenan das *The Power and the Glory* geöffnet, eine großartige Location. *Mo–Sa 17–spät | Kloof Neek, Ecke Burnside Road | Tamboerskloof | Tel. 02 14 22 21 08*

Lauschiger Innenhof des Cape Quarters: Wie wär's mit einem Gläschen in der Wine Bar?

BARS & KNEIPEN

ASOKA SON OF DHARMA
(136 C6) (*F6*)
Im Zentrum der Bar wächst ein alter Baum, der umgeben ist von edlen Holztischen und gemütlichen Polstern. *Tgl. 17–2 Uhr | 68 Kloof Street | Gardens | Tel. 02 14 22 09 09*

BLACK RAM BAR (136 C5) (*F5*)
Wunderbar „ungeschminkte" Kneipe, die besonders an den Wochenenden für legendäre Abende eine richtig gute Adresse ist. Besonders zu empfehlen ist das einheimische Bier *Darling Brew Slow Lager*,

INSIDER TIPP CHENIN WINE BAR
(137 D3) (*G3*)
Schmecken Sie sich in der *Chenin Wine Bar* im schönen Innenhof des Cape Quarter durch die Vielfalt der südafrikanischen Weinkultur. Fast alle Weine werden auch glasweise ausgeschenkt! *Tgl. ab 11 Uhr | Cape Quarter | De Waterkant | Tel. 02 14 25 22 00*

DADDY COOL BAR ★ (137 D4) (*G4*)
Die Bar des Hotels *Grand Daddy* ist eine Reminiszenz an die Disko-Ära der 80er-Jahre: weiße Ledersessel, goldfarbene Tapeten. Und die Wände der Toiletten sind beklebt mit Diskokugel-Spiegelplättchen. *Mo–Do 16–23, Fr 16–1, Sa 18–1 Uhr | Grand Daddy Hotel | 38 Long Street | Central | Tel. 02 14 24 72 47*

AM ABEND

LA MED ⭐ 🍽 (134 A1) (*A7*)
Zwischen den Sonnenschirmen und dem Meer liegt nur eine Wiese, auf der bei gutem Wind die Paraglider vom Lion's Head landen. Von hier aus haben Sie einen traumhaften Blick auf den Sonnenuntergang. Danach können Sie sich auf die Tanzfläche wechseln, besonders heiß wird's sonntags. *Mo–Fr ab 12, Sa/So ab 9 Uhr | Victoria Road | Clifton | Tel. 02 14 38 56 00*

INSIDER TIPP **PLANET BAR**
(136 C5) (*F5*)
Die Bar des *Mount Nelson Hotel* ist so opulent wie das Hotel. Man sitzt in tiefen Polstern und nippt am Champagner. *Sa–Do ab 17, Fr ab 15 Uhr | 76 Orange Street | Gardens | Tel. 02 14 83 17 37*

THE POWER AND THE GLORY
(136 C5) (*F5*)
Die Bar für Hipster und Kreative, gefertigt aus schwerem Mahagoni, würde auch gut nach Berlin passen: ein wenig zu düster, ein wenig zu voll. Ein Ort, um lange Nächte zu starten – und guten Kaffee am nächsten Morgen zu trinken. *Mo–Sa 8–22 Uhr | 13b Kloof Nek Road | Tamboerskloof | Tel. 02 14 22 21 08*

INSIDER TIPP **PUBLIK** (137 D4) (*G4*)
Hier verkosten Sie die besten Tropfen des Westkaps neben aufgehängtem Schweine- und Rindfleisch. Und bessere Steaks fürs Braai findet man nirgends in der Stadt als in dieser surrealen Mischung aus Schlachterei und Bar. *Mo–Fr 16–22, Sa 9–15 Uhr | 81 Church Street | Central | Tel. 02 14 24 72 04 | www.publik.co.za*

STONES (139 F5) (*N7*)
Billardkneipe mit lauter Musik und Kickertischen im 1. Stock. Wer nicht spielt, sitzt auf dem Balkon und trinkt Bier aus Flaschen. Die Filiale auf der Long Street ist eine identische Kopie. *Tgl. 12–4 Uhr | 84 Lower Main Road | Observatory | Tel. 02 14 48 94 61*

INSIDER TIPP **TJING TJING** 🍽
(137 D4) (*G4*)
Wer auf der stylischen Dachterrasse steht, fühlt sich wie in New York. Die Architekten haben die Tradition des 200 Jahre alten Gebäudes mit urbaner Atmosphäre verbunden. Die Cocktails gehören zu den besten der Stadt. *Tgl. | 65 Longmarket Street | Central | Tel. 02 14 22 49 20 | www.tjingtjing.co.za*

CLUBS & DISKOTHEKEN

ACES'N SPADES (137 D4) (*G4*)
Freitags die beste Adresse für Rock-'n'-Roll-Liebhaber. Hier trifft sich eine erstaunlich gemischte Gemeinde – längst nicht nur die Hard-Rock-Fans der Stadt – auf ein Bier aus einer der besten Mikrobrauereien der Gegend. *Mo–Sa 17–2 Uhr | 62 Hout Street | Central | Tel. 07 34 26 97 00 | www.acesnspades.com*

MARCO POLO HIGHLIGHTS

⭐ **Daddy Cool Bar**
Die 80er-Jahre-Glam-Bar des Hotels Grand Daddy auf der Long Street → S. 74

⭐ **La Med**
Stoßen Sie mit einem Cocktail auf den Untergang der Sonne an → S. 75

⭐ **Jo'burg**
Die lauteste Party der Long Street wird allnächtlich in diesem Club gefeiert → S. 76

⭐ **Labia**
Das älteste Kino Kapstadts – und das schönste → S. 77

KABARETT & COMEDY

CLUB 31 ✥ (137 E4) (*H4*)
Der Club ist in einem der Hochhäuser des Geschäftsviertels untergebracht. Vom 31. Stock aus hat man überwältigende Blicke auf Hafen und Tafelberg, aber nur, wenn man nicht in Turnschuhen und T-Shirt vor dem Türsteher erscheint. *Do und Sa ab 22, Fr ab 16.30 Uhr | Absa Building | 2 Riebeek Street | Central | Tel. 02 14 21 05 81 | www.thirtyone.co.za*

FICTION (137 D5) (*G5*)
Erst tanzt man sich zu Hip-Hop und Elektro heiß, dann kühlt man sich draußen auf dem Balkon über der Long Street wieder ab. *Di–Sa 21–4 Uhr | 226 Long Street | Central | Tel. 02 14 24 57 09*

JO'BURG ⭐ (137 D5) (*G5*)
Der Club gibt den Takt des Kapstädter Nachtlebens vor: Jeden Abend wird die Tanzfläche von Vergnügungswütigen eingenommen, die zu Hip-Hop, Funk, Soul und House bis in den frühen Morgen tanzen. *Mo–Sa ab 12, So ab 18 Uhr | 218 Long Street | Central | Tel. 02 14 22 01 42*

ORPHANAGE (137 D4) (*G4*)
Gehobene Cocktailbar; oft House und Elektro. Wann immer die Besitzer die Zeit für reif halten, wird sie zum Club, in dem an die Ära der 20er-Jahre erinnert wird. *Sa–Fr 17–2, So 12–0 Uhr | 227 Bree Street | Central | www.theorphanage.co.za*

SHIMMY BEACH CLUB (137 D1) (*G2*)
Eine der schicksten Party-Locations an der Victoria & Alfred Waterfront. Stylishe Kleidung und eine dicke Brieftasche (100 Rand Eintritt) gehören dazu. *Tgl. 11–2 Uhr | South Arm Road | V & A Harbour Waterfront | Tel. 02 12 00 77 78 | www.shimmybeachclub.com*

KABARETT & COMEDY

MADAME ZINGARA (137 E5) (*H5*)
Schauen Sie, ob während Ihres Aufenthalts das Varieté *Madame Zingara* auftritt: ein 4-stündiges Programm mit internationalen Künstlern und Artisten und tollem 3-Gänge-Menü. Buchungen einige Wochen im Voraus. *1 Malan*

FUSSBALL ODER RUGBY?

Fußball ist der Nationalsport der schwarzen Bevölkerung, der durch die Ausrichtung der Weltmeisterschaft 2010 in Südafrika noch mal einen Schub bekommen hat. In Kapstadt spielen zwei Klubs in der Premier Soccer League *(www.psl.co.za)*: *Ajax Cape Town* und *Santos*. Reguläre Spielstätte ist das Stadion in Athlone, einzelne Spiele werden im WM-Stadion von Green Point ausgetragen. Tickets gibt es am Spieltag am Stadion. *Athlone Stadium (Klipfontein Road | Infos z. B. bei Ajax Cape Town | Tel. 02 19 30 60 01)*

Rugby ist traditionell der Sport der weißen Bevölkerung. Zwar werden immer häufiger auch farbige Spieler in die Teams integriert, das ändert aber wenig daran, dass das Publikumsinteresse sehr ungleich ausfällt. Die Mannschaft, die für Kapstadt in der Super 14-Serie (mit anderen Teams aus Südafrika, aus Australien und Neuseeland) antritt, heißt *Stormers*. Ihre Heimat ist das Stadion in Newlands. *Newlands | Boundary Road | Infos bei der Western Province Rugby Union | Tel. 02 16 59 45 00 | www.wprugby.com*

AM ABEND

Gehobenes Niveau: Shimmy Beach Club an der Waterfront

Street | Central | Tel. 08 61 62 32 63 | www.madamezingara.com

ON BROADWAY (137 D4) (*m* G4)
Das einzige Kabarett-Restaurant der Stadt. Während des Essens bringen Sie die Stars der Kapstädter Comedy- und Travestieszene derart zum Lachen, dass Sie sich nur in den Pausen in Ruhe ihrem Menü widmen können. *Mo–So 18.30–1 Uhr | 44 Long Street | Central | Tel. 02 14 24 11 94 | www.onbroadway.co.za*

THEATRE ON THE BAY (134 A3–4) (*m* B9)
Nahe am Strand von Camps Bay steht das kleine Theater von Pieter Toerien, einer Legende der südafrikanischen Theaterszene. Hier adaptiert er Broadway-Produktionen wie *Hair* für seine charmante Bühne. Auch Comedy und Tanz. *1a Link Street | Camps Bay | Tel. 02 14 38 33 00 | www.theatreonthebay.co.za*

KINOS

LABIA ⭐ (136 C5) (*m* F5)
Das älteste und schönste Kino Kapstadts. In dem ehemaligen Theater aus den 1940er-Jahren laufen Independent-Filme. 🟢 Mo und Di gibt es nebenan im *Societi-Bistro (50 Orange Street | Tel. 02 14 24 21 00)* Pasta (ohne Getränke) und ein Kinoticket zusammen für 45 Rand. Bitte im Bistro vorbuchen. Um die Ecke, im *Lifestyle-Centre (Kloof Street)*, hat das *Labia* weitere Säle. *68 Orange Street | Gardens | Tel. 02 14 24 59 27*

VICTORIA & ALFRED WATERFRONT (137 D1–2) (*m* G2)
Im oberen Stockwerk der Victoria Wharf laufen die großen Hollywoodproduktionen im *Nu Metro (Tel. 02 14 19 97 00)*, im Erdgeschoss kommen Cineasten auf ihre Kosten. Dort zeigt das *Cinema Nouveau (Tel. 08 21 67 89)* Programmkino. *Viktoria Wharf | Victoria & Alfred Waterfront*

MUSIK

THE ASSEMBLY (137 E5) (*m* H5)
Die Konzerthalle gehört zu den besten der Stadt. In dem ehemaligen Warenhaus traten schon südafrikanische Musikgrößen auf. *61 Harrington Street | Central | Tel. 02 14 65 72 86 | www.theassembly.co.za*

SZENELOKALE

CITY HALL (137 E5) (*H5*)
Das 100 Jahre alte Rathaus ist heute Spielort des Kapstädter Symphonieorchesters, das immer donnerstags auftritt. Zum renommierten *International Summer Music Festival* im November reisen auch internationale Künstler an. Für die meisten Konzerte in der City Hall gibt es auch günstige Tickets für Plätze hinter dem Orchester. *Darling Street | Tel. 02 14 10 98 09 | www.cpo.org.za*

MAMA AFRICA (137 D5) (*G5*)
Neben interessierten Touristen kommen auch die Kapstädter Musikfans, um die großartigen afrikanischen Bands zu hören, die hier regelmäßig auftreten. *Mo–Sa ab 19 Uhr | 178 Long Street | Central | Tel. 02 14 26 10 17*

INSIDER TIPP MERCURY LIVE AND LOUNGE (137 E6) (*H6*)
Tempel der Indie-Musikszene. Freitags und samstags spielen etablierte Rockbands auf der großen Bühne im 1. Stock, in der Lounge darunter tritt der hoffnungsvolle Nachwuchs auf, DJs spielen Pop. *Mo–Sa 20–4 Uhr | 43 De Villiers Street | Central | Tel. 02 14 65 21 06*

WAITING ROOM (137 D5) (*F5*)
Club mit gediegener Partyatmosphäre. Hier legen am Wochenende einige der besten DJs der Stadt zumeist elektronische Musik auf. Wer genug getanzt hat, lässt sich ein Bier auf dem Balkon schmecken. *Di–Sa 14–2 Uhr | 273 Long Street | Central | Tel. 02 14 22 45 36*

ZULA SOUND BAR (137 D5) (*G5*)
Nach Auftritten von Live-Bands machen die DJs bis in den frühen Morgen mit Elektrobeats weiter. Wem es drinnen zu laut wird, der beobachtet vom Balkon aus das Partyvolk auf der Long Street. An jedem letzten Mi im Monat findet *Verses* statt, ein Open-Stage-Abend für Musiker und Poeten. *Tgl. ab 10 Uhr | 194 Long Street | Central | Tel. 02 14 24 24 42*

LOW BUDGET

Einmal die Woche holt Comedy-Star Kurt Schoonraad Kollegen und junge Talente zu sich auf die Bühne des Clubs *The Pumphouse* **(137 D1–2)** (*G2*) *(Victoria Wharf | V & A Waterfront)*, die ihre ersten Schritte als Comedians tun. Der *Jou Ma Se Comedy Club* (*Einlass ab 19.30 Uhr | Eintritt 70, mit Studentenausweis 35 Rand | Tel. 07 94 95 39 89 | www.joumasecomedy.com*) ist damit eine gute Gelegenheit den facettenreichen Kapstädter Humor zu erleben.

Wer sich im Hotelzimmer einen Film ansehen möchte, dem sei *DVD Nouveau* **(137 D4)** (*F–G4*) (*Mo–Sa 10–20, So 11–20 Uhr | 166 Bree Street | Tel. 02 14 22 49 84*) empfohlen. Dort gibt es die wichtigsten Filme zu günstigen Preisen. Für die Ausleihe brauchen Sie nur Personalausweis und Kreditkarte.

SZENELOKALE

INSIDER TIPP BEEFCAKES (136 D3) (*G3*)
Skurriles Lokal, das nicht nur in der Schwulenszene eine echte Institution ist. Bei den schrillen Dragshows (Mi) und zum Brüllen komischen Veranstaltungen wie *Bitchy Bingo* (Di) ist der Laden stets prall gefüllt. *Mo–Fr 12–22 Uhr, Sa 18–22 Uhr | 40 Somerset Road | Sovereign Quay | Greenpoint | Tel. 02 14 25 90 19 | www.beefcakes.co.za*

AM ABEND

CAFÉ CAPRICE (134 A3) (B9)
Hier treffen auf weißen Polstern die Wichtigen und Schönen auf diejenigen, die gern wichtiger und schöner wären. *Tgl. ab 9 Uhr | 37 Victoria Road | Camps Bay | Tel. 02 14 38 83 15*

CAFÉ MANHATTAN (137 D3) (G3)
Eine der beliebtesten Bars der Schwulenszene. Im Sommer ist es auf der Terrasse genauso voll wie drinnen, und die House-Musik beschallt die ganze Straße. *Tgl. 10–2 Uhr | 74 Waterkant Street | De Waterkant | Tel. 02 14 21 66 66*

CLARKE'S (137 D4) (G4)
Der Anlaufpunkt No 1 für Hipster im New York Style – und Burgerfans mit Geschmack für gehobene Cocktails. An warmen Tagen chillen die zahlreichen Gäste mit ihren Getränken auch vor dem Eingang. *Mo 7–17, Di–Fr 7–24, Sa 8–16, So 8–15 Uhr | 133 Bree Street | Central | Tel. 02 14 24 76 48 | www.clarkesdining.co.za*

DIZZY'S (134 A3) (B9)
Wer selbst singen möchte, sollte ins *Dizzy's* nach Camps Bay fahren. Die Bar ist berühmt für ihre unterhaltsamen Karaoke-Abende. Hier mischen sich Studis, Touris und Kapstädter Lebenskünstler. Und gute Pizza gibt's noch dazu. *In der Hauptsaison tgl. 17–24 Uhr | 41 The Drive | Tel. 02 14 38 26 86*

THEATER

Für die meisten Aufführungen können Sie die Karten bei *Computicket (Tel. 0 86 19 15 80 00)* kaufen. Dort bekommen Sie auch Auskunft über die laufenden Produktionen. Einen Computicket-Schalter gibt es z. B. an der V & A Waterfront. Sie können die Karten auch am Telefon bestellen und mit Kreditkarte bezahlen.

ARTSCAPE (137 F4) (H4)
Das Theater ist das hochkulturelle Zentrum der Stadt, es deckt die komplette Spannbreite aller Sparten ab: Hier können Sie Opern, Symphoniekonzerte, Theaterstücke und Musicals sehen bzw. hö-

Bei Mama Africa gibt's gute Musik

ren. *DF Malan Street | Foreshore | Tel. 02 14 10 98 00 | www.artscape.co.za*

BAXTER (U B2) (b2)
In den beiden Theatersälen laufen hauptsächlich Comedy- und Theaterproduktionen. Im Restaurant sitzen Sie anschließend zusammen mit den Schauspielern. *Main Road | Rondebosch | Tel. 02 16 85 78 80 | www.baxter.co.za*

ÜBERNACHTEN

Den Kosenamen Slaapstad verdankt Kapstadt eigentlich dem Umstand, dass die Mühlen hier etwas langsamer mahlen als andernorts. Allerdings gäbe es für diesen Titel einen viel besseren Grund: Durch den Tourismusboom der letzten Jahre gibt es mittlerweile so viele Hotels und Guesthouses, dass in jeder Preislage für tolle Übernachtungsmöglichkeiten gesorgt ist.

Die Spannbreite reicht von sehr luxuriösen Fünf-Sterne-Hotels mit Meerblick und angegliedertem Spa in Camps Bay bis hin zu Backpacker-Boutique-Hostels. Viele der Bed & Breakfasts und der Guesthouses sind – selbst in der unteren Preiskategorie – in wunderschön restaurierten alten Villen untergebracht und so stilvoll und stilsicher gestaltet, dass man das Gefühl hat, zwischen den Hochglanzseiten eines Einrichtungsmagazins zu wohnen. Für welche Unterkunft Sie sich entscheiden, sollten Sie vor allem von der Lage abhängig machen: Wer gehobenes Ambiente schätzt, fühlt sich in Camps Bay oder an der Promenade von Sea Point wohler als in der Innenstadt. Dort sind besonders schöne Ecken: das Viertel De Waterkant, ein Stadtteil mit schmalen Gassen und passenden Häuschen, sowie Tamboerskloof und Gardens. In Observatory – in der Nähe der Universität, mit vielen Bars, Cafés und kleinen Läden – ist die Backpackerszene zu Hause. Wer sparsam planen möchte, kann eine günstige Unterkunft in der Vorstadt finden oder nistet sich auf der Backpackermeile Long Street ein.

Bild: The Bay Hotel Camps Bay

Gute Nacht in Slaapstad! Ob in schicken Luxushotels, in restaurierten Villen oder in charmanten Herbergen …

Und jene, die es gerne ruhig bis sehr ruhig haben, übernachten entweder im stadtnahen Constantia-Tal, dem ältesten Weinanbaugebiet der Region, oder im Fischerdorf Kalk Bay, eine gute halbe Autostunde vom Stadtzentrum entfernt.

Die Preise sind allgemein noch moderat und vor allem in der Nebensaison (Mai–Mitte Sept.) und bei längeren Aufenthalten verhandelbar. Prüfen Sie für günstige Unterkünfte auch die Internetseite Gumtree *(capetown.gumtree.co.za)*. Hier stellen viele Kapstädter ihre Wohnungen zur Zwischenmiete ein. Sie sollten sich aber Angebote vor Ort anschauen, bevor Sie Geld bezahlen oder Zusagen machen.

HOTELS €€€

CAMPS BAY RETREAT
(134 B2) *(B8)*

Die Zimmer, Suiten und Studios sind auf ein historisches und ein modernes Gebäude verteilt. Im Garten plätschern Wasserfälle, daneben gibt's Tennisplätze und Pools – und den obli-

HOTELS €€€

gatorischen Blick auf den Atlantik und die Zwölf Apostel. *15 Zi. | 7 Chilworth Road | Camps Bay | Tel. 02 14 37 83 00 | www.campsbayretreat.com*

CAPE HERITAGE HOTEL ★
(137 D4) (*G4*)
Das Boutiquehotel liegt direkt am zentralen Heritage Square in einem Gebäude von 1771. Eine Reihe von Restaurants und Bars sowie die Long Street sind in wenigen Minuten zu Fuß zu erreichen. Jedes Zimmer ist in einem eigenen Stil eingerichtet, etwa marokkanisch oder malaiisch. In vier Zimmern stehen INSIDER TIPP wunderschöne Himmelbetten. *15 Zi. | 90 Bree Street | Central | Tel. 02 14 24 46 46 | www.capeheritage.co.za*

THE GRAND DADDY (137 D4) (*G4*)
Untergebracht in einem charmanten viktorianischen Gebäude, vereint das Hotel den Metropolenschick der Long Street mit afrikanischer Kunst. Im Eingangsbereich werden auf Bildschirmen Werke südafrikanischer Künstler gezeigt, in den stilvollen Zimmern ist es trotz der Nähe zum Zentrum des Nachtlebens angenehm ruhig. Wer es luftiger und origineller mag: Auf dem Dach stehen sieben American Trailer, in denen man glamourösen Wohnwagenurlaub mit den Annehmlichkeiten eines Hotelaufenthalts verbinden kann. Im Sommer werden an Montagabenden auf dem Dach Filmklassiker wie „Dirty Dancing" oder „Breakfast at Tiffany's" gezeigt, inklusive Popkorn und Süßigkeiten. Für die Buchung müssen Sie kein Gast des Hotels sein. *26 Zi. | 38 Long Street | Central | Tel. 02 14 24 72 47 | www.granddaddy.co.za*

GREENWAYS HOTEL (U B2) (*b2*)
Das Hotel bietet ein luxuriöses Ambiente und eine tolle Natur in relativ zentraler Lage. Das Haus setzt auf erneuerbare Energien und gilt als besonders umweltfreundlich. *17 Zi. | 1 Torquay Av. | Claremont | Tel. 02 17 61 17 92 | www.greenways.co.za*

Luxuriöse Abgeschiedenheit zum Relaxen: Steenberg Country Hotel

ÜBERNACHTEN

OCEAN VIEW HOUSE (134 A6) (*A11*)
Eines der am nächsten zum Meer gelegenen Gasthäuser in Camps Bay mit sauberen Zimmern und freundlichem Personal, abseits vom Trubel der Promenade. Ein Plus ist die direkt vor der Tür gelegene Haltestelle für den MyCity-Bus, dem neuen Bussystem Kapstadts. *12 Zi. | 33 Victoria Road | Camps Bay | Tel. 08 75 50 81 82 | www.oceanview-house.com |*

STEENBERG COUNTRY HOTEL ★
(U B3) (*b3*)
Auf dem luxuriösen Steenberg Estate liegen Golfplatz und Weinberge direkt beieinander. Die 18-Loch-Anlage ist Hotelgästen und Clubmitgliedern vorbehalten. Dahinter breiten sich die Reben des Weinguts aus. Die Zimmer und Suiten sind in historischen, denkmalgeschützten Gebäuden im kaphollländischen Stil untergebracht. *34 Zi. | Tokai Road | Steenberg Estate | Tel. 02 17 13 22 22 | www.steenberghotel.com*

THE VINEYARD HOTEL & SPA
(U B2) (*b2*)
Das Vineyard liegt nicht so zentral und ist daher etwas günstiger als andere Hotels dieser Klasse. Das Gebäude wurde Ende des 18. Jhs. als Wohnhaus errichtet. Entspannen Sie sich im Spa oder im schönen Hotelpark. *175 Zi. | 60 Colinton Road | Newlands | Tel. 02 16 57 45 00 | www.vineyard.co.za*

WINCHESTER MANSIONS HOTEL
(135 F1) (*C2*)
Sie wohnen im schönsten Kolonialambiente der 1920er-Jahre an der Strandpromenade von Sea Point. Im Innenhof gibt es sonntags **INSIDER TIPP**
Jazzbrunch. Mittwochabends wird zur *Ladies Night* gebeten, mit freien Cocktails für die Damen. Im tollen ● Spa-Bereich können Sie sich auch Tee und ausgewogene Mahlzeiten servieren lassen. *76 Zi. | 221 Beach Road | Sea Point | Tel. 02 14 34 23 51 | www.winchester.co.za*

HOTELS €€

INSIDER TIPP BERGZICHT
(136 B5) (*E5*)
Das angenehme Guesthouse ist (nicht nur) für seinen charmanten Service bekannt. Es liegt wunderbar zentral und trotzdem ruhig in Tamboerskloof. Vom ☼ Pool im Garten aus haben Sie einen spektakulären Ausblick auf den Tafelberg. *8 Doppelzi., 2 Familienzi. | 5 Devonport Road | Tamboerskloof | Tel. 02 14 23 85 13 | www.bergzichtguesthouse.co.za*

MARCO POLO HIGHLIGHTS

★ **Cape Heritage Hotel**
Wunderschönes Boutiquehotel aus dem 18. Jh. → S. 82

★ **Steenberg Country Hotel**
Golf und Wein in stilvoller Kulisse genießen → S. 83

★ **Chartfield**
Verträumter Charme mit Weltklasseblick auf Meer und Hafen von Kalk Bay → S. 84

★ **Ashanti Lodge & Travel Centre**
Gemütlich und günstig, mit Pool und Palmengarten → S. 86

★ **Cube Guesthouse**
Architektonisch eines der schönsten Gasthäuser Kapstadts → S. 84

★ **Long Street Backpackers**
Beliebtestes Backpacker-Hostel des Kontinents → S. 87

HOTELS €€

CAPE STANDARD (136 B2) (*M E2*)
In dem kleinen, aber feinen Haus sitzen Sie auf Sitzmöbel-Designklassikern von Mies van der Rohe oder liegen entspannt auf dem Sonnendeck am Pool. **INSIDER TIPP Die Zimmer Nr. 8 und 9 haben Meerblick.** *9 Zi. | 3 Romney Road | Green Point | Tel. 02 14 30 30 60 | www.capestandard.co.za*

CHARTFIELD ⭐ (U B4) (*M b4*)
Ein Ort, der gegen jede Hektik immun ist. 30 Minuten vom Stadtzentrum entfernt, blickt man auf den Hafen von Kalk Bay, frühstückt (Kaffee kommt auf Wunsch ans Bett) und lässt sich von dem sympathischen Besitzer Florian Blöchliger Tipps für Tagesausflüge geben. *13 Zi. | 30 Gatesville Road | Kalk Bay | Tel. 02 17 88 37 93 | www.chartfield.co.za*

CUBE GUESTHOUSE ⭐ (U A3) (*M a3*)
Die deutschen Besitzer Patrick und Dirk haben in Hout Bay ein kleines Paradies in moderner Architektur und ruhiger Lage mit exklusiven sechs Suiten geschaffen. Highlight: Das Cottage am Pool! *6 Zi. | 20 Luisa Way | Hout Bay | Tel. 07 20 53 50 38 | www.cube-guesthouse.com*

LUXUSHOTELS

The Bay Hotel Camps Bay (134 A–B3) (*M B9*)
Das ganz in Weiß gehaltene Hotel liegt mitten im trendigen Camps Bay. Die meisten Zimmer bieten Aussicht auf einen der schönsten Strände der Stadt, der sich direkt vor der Tür ausbreitet. Den luxuriösen Poolbereich nutzen Gäste gerne, um dem Rummel am Strand zu entfliehen. *72 Zi., 6 Suiten | ca. 250–650 Euro | 69 Victoria Road | Tel. 02 14 37 97 01 | www.thebay.co.za*

Cape Grace (137 D2) (*M G2*)
Das exklusive Hotel an der V&A Waterfront belegt einen eigenen Kai und ist auf drei Seiten von Wasser umgeben. Von den Zimmern hat man einen tollen Blick auf den Hafen oder den Tafelberg. Der farbenfrohe ● Spabereich ist auf afrikanische Methoden spezialisiert. Ein Highlight: der spektakuläre *Cape Grace Pool*. *122 Zi. | 500–1300 Euro | West Quay | V & A Waterfront | Tel. 02 14 10 71 00 | www.capegrace.com*

Mount Nelson Hotel (136 C5) (*M F5*)
Das rosafarbene „Nelly", wie es die Kapstädter nennen, ist die exklusivste Residenz der Stadt. Hier nächtigen die Stars aus Hollywood, in internationalen Bestenlisten wird das Mount Nelson immer wieder ganz oben geführt. Eine Wellnessoase ist das ● *Librisa-Spa,* in dem Ihre Kinder betreut werden, während Sie relaxen. *201 Zi. | ab 500 Euro | 76 Orange Street | Central | Tel. 02 14 83 10 00 | www.mountnelson.co.za*

Twelve Apostles Hotel and Spa (134 A6) (*M A11*)
Am Fuß der Zwölf-Apostel-Bergkette gelegen, bietet das Hotel neben einem Spa, das in eine Grotte des Bergmassivs gehauen ist, und zwei Pools sogar ein Kino. Das hat im direkten Blick auf den Atlantik jedoch starke Konkurrenz. *70 Zi. | 500–1500 Euro | Victoria Road | Camps Bay | Tel. 02 14 37 90 00 | www.12apostleshotel.com*

ÜBERNACHTEN

DADDY LONG LEGS (137 D4) (*G4*)
Schickes Hotel auf der Long Street. Idealer Ort für die, die mitten im Getümmel wohnen wollen und sich weder zur Backpacker-Fraktion noch zur gehobenen Klientel des *Grand Daddy* zählen. Jedes Zimmer hat seine eigene Note, in der Nähe schicke Selbstverpfleger-Apartments. *13 Zi., 6 Ap. | 134 Long Street | Central | Tel. 02 14 22 30 74 | www.daddylonglegs.co.za*

LA GRENADINE (136 C5) (*F5*)
Verstecktes Idyll in der Innenstadt; kleines, aber feines Hotel im modernisierten französischen Landhausstil. Ruhig gelegen, trotzdem gibt es gute Restaurants in Steinwurfnähe. *6 Zi. | 15 Park Road | Gardens | Tel. 02 14 24 13 58 | www.capestay.co.za/lagrenadine*

NINE FLOWERS (136 D6) (*F–G6*)
Jedes Zimmer der hübschen Villa ist einer anderen Blume gewidmet. In mehreren Magazinen wurde die gelungene moderne Innenarchitektur schon gewürdigt. Die deutschen Gastgeber Matthias und Marrin bieten auch organisierte Ausflüge an. Schöne Lage am Company's Garden. *8 Zi. | 133–135 Hatfield Street | Gardens | Tel. 02 14 62 14 30 | www.nineflowers.com*

Gediegenen Komfort bieten die Zimmer des Hotels Mount Nelson

PARKER COTTAGE (136 B5) (*E5*)
4-Sterne-Unterkunft am Fuße des Tafelbergs mit liebevoll und traditionsbewusst eingerichteten Zimmern. Die freundlichen Angestellten geben hervorragende Ratschläge für Tagesausflüge. *11 Zi. | 3 Carstens Street | Tamboerskloof | Tel. 02 14 24 64 45 | www.parkercottage.co.za |*

ROMNEY LODGE (136 B2) (*E2*)
Mediterranes Flair, vermischt mit afrikanischem Dekor. Abseits der Straße können Sie sich auf einer Terrasse mit Pool entspannen. *6 Zi. | 10 Romney Road | Green Point | Tel. 02 14 34 48 51 | www.romneylodge.co.za*

HOTELS €

SWEET OCEAN VIEW GUESTHOUSE
(135 F2) (*C4*)
Das ruhig gelegene Guesthouse in Sea Point ist besonders für Familien gut geeignet. Die oberen Zimmer haben Meerblick, die Besitzer helfen gern, ein Braai (Grillen) auf der Dachterrasse zu organisieren – und bringen an kalten Tagen eine Wärmflasche ins Zimmer. *12 Zi. | 9 Barkly Road | Sea Point | Tel. 02 14 34 19 29 | www.sweetestguesthouses.com*

HOTELS €

ALOE HOUSE (139 E5) (*N6*)
Kleines, liebevoll restauriertes Bed & Breakfast in Observatory. Der Clou sind die großzügigen, mit schwarzem Schiefer ausgekleideten Duschen. Gutes Preis-Leistungs-Verhältnis. *2 Zi. | 16 Wesley Street | Tel. 02 14 48 53 37 | www.aloehouse.co.za*

ASHANTI LODGE & TRAVEL CENTRE ★
(136 C6) (*F6*)
Das gehobene Backpacker und Guesthouse ist in einem wunderschönen viktorianischen Haus mit Pool und Sonnenterrasse untergebracht. Vom Café im 1. Stock blickt man auf den Tafelberg. 12 DZ und 10 Schlafsäle mit 6 bis 8 Betten in der Lodge, 7 komfortablere DZ mit Gemeinschaftsküche im zweiten Gebäude um die Ecke. *11 Hof Street | Gardens | Tel. 02 14 23 87 21 | www.ashanti.co.za*

BAYVIEW LODGE (U A3) (*a3*)
Ein Ort der Ruhe mit fairen Preisen, nur 20 Min. Autofahrt von der Innenstadt entfernt. Die sieben Zimmer und das Selbstversorgerapartment sind liebevoll gestaltet, die Atmosphäre familiär. Von der Terrasse fällt der Blick auf das herrliche Tal von Hout Bay und die Bucht. Salzwasserpool. *19 Luisa Way | Hout Bay | Tel. 02 17 90 68 68 | www.bvlodge.co.za*

CACTUSBERRY LODGE ✹ (0) (*G6*)
Kunstvoll eingerichtetes Guesthouse mit tollem Blick auf den Tafelberg. Probieren Sie zum Frühstück das **INSIDER TIPP** marokkanische Liebesbrot. *6 Zi. | 30 Breda Street | Vredehoek | Tel. 02 14 61 97 87 | www.cactusberrylodge.com*

ELEPHANT EYE LODGE ♺
(U B3) (*b3*)
Das B & B in einem kapholländischen Farmhaus nahe Tokai-Wald und Constantia-Tal wird mit Solarstrom betrieben. Familienfreundliche Unterkunft, 30 Automin. vom Stadtzentrum. *6 Zi. | 9 Sunwood Drive | Tokai | Tel. 02 17 15 24 32 | www.elephantseyelodge.co.za*

LOW BUDGET

Capetown Backpackers (136 C5) (*F5*) (*16 Zi., 5 Schlafsäle | 81 New Church Street | Central | Tel. 02 14 26 02 00*) ist ein gemütliches Hostel in der Nähe von Long Street und Kloof Street. Die Zimmer sind einfach, aber preiswert. In einem kleinen Haus dahinter gibt es weitere Zimmer mit eigenen Balkonen.

Orignell und günstig: In der *African Train Lodge* (137 F5) (*J5*) (*56 Zi. | Monument Station | Old Marine Drive | Central | Tel. 02 14 18 48 90 | www.train-lodge.co.za*) schlafen Sie in einem Zug mit zu Schlafzimmern hergerichteten Abteilen auf einem Gleis hinterm Bahnhof. TV-Räume, Billardtische und Kochgelegenheiten in den Wartehäuschen auf dem Gleis. Natürlich gibt's auch einen Speisewagen und sogar einen Pool.

ÜBERNACHTEN

Günstig, gut und bei jungen Leuten beliebt: Hoscar-Preisträger Long Street Backpackers

THE STABLES (U B3) (*b3*)
Guesthouse im Constantia-Tal, dessen Zimmer in ehemaligen Ställen untergebracht sind. Alle haben eine eigene Terrasse. Riesiger Garten mit Pool und morgens gibt es ein üppiges, sechsgängiges Frühstück. *7 Zi. | Chantercler Lane | Constantia | Tel. 02 17 94 36 53 | tstables@mweb.co.za*

BACKPACKER

THE GREEN ELEPHANT
(139 E5) (*N6*)
Im Studentenviertel Observatory stehen den Gästen ein solarbeheizter Pool, Whirlpool, TV und Internetzugang zur Verfügung – für ein Backpacker Hostel ein fast luxuriöses Portfolio. Im Garten ist sogar Zelten erlaubt. *9 Zi. und 4 Schlafsäle | 57 Milton Road | Tel. 02 14 48 63 59 | www.hostels.co.za*

LONG STREET BACKPACKERS ★
(137 D5) (*G5*)
Für Service, Komfort und günstige Preise schon mit einem „Hoscar" ausgezeichnet, dem Award für das beliebteste Hostel des Kontinents. Trotz der Lage im Partyzentrum nachts ruhig. Sonntags gibt's kostenlosen Eintopf. *16 Schlafsäle, 15 Zi. | 209 Long Street | Central | Tel. 02 14 23 06 15 | www.longstreetbackpackers.co.za*

STOKED BACKPACKERS (U B4) (*b4*)
Nur einen Steinwurf vom Surfstrand Muizenberg entfernt, ist dies Hostel besonders für Wassersportler geeignet. Gepflegte Zimmer, gemäßigte Preise und Mitarbeiter, die gerne Tipps zu Surfschulen geben. *10 Zi. | 175 Main Road | Muizenberg | Tel. 02 17 09 08 41 | www.stokedbackpackers.com*

33 SOUTH BOUTIQUE BACKPACKERS
(139 F5) (*N7*)
Der perfekte Ort für jüngere Reisende, um etwas abseits vom Touristengeschehen den Urlaub zu starten. Das Team passt mit seiner sympathischen Gelassenheit zum Studentenviertel Observatory und hat immer einen Tipp zum aktuellen Party- und Kulturgeschehen parat. *48 Trill Road | Observatory | Tel. 02 14 47 24 23 | www.33southbackpackers.com*

ERLEBNISTOUREN

① KAPSTADT PERFEKT IM ÜBERBLICK

START: ① Vovo Telo Café
ZIEL: ⑩ Waiting Room

Strecke: ➡ 57 km

1 Tag
reine Fahrzeit 40 Min.,
reine Gehzeit 2 Stunden

KOSTEN: 700 Rand pro Person für Bus, Eintrittspreise, Essen
MITNEHMEN: Sonnencreme, Sonnenhut, Wasserflasche, je nach Vorhersage Regenjacke

ACHTUNG: Explorer Bus: Info und Buchung: *www.citysightseeing.co.za* | Tel. 5 11 60 00; Tickets sind auch im Bus erhältlich.
⑦ **Imizamo Yethu Township:** Normalerweise wartet an der Bushaltestelle eine Fremdenführerin, eine Anmeldung ist nicht nötig. Vergewissern Sie sich aber beim Fahrer, dass dies arrangiert ist. Sie können einen Rundgang auch unabhängig von der Bustour bei der Fremdenführerin Thobeka *(Tel. 060 4 33 29 71)* buchen.

Diese Touren finden Sie als App unter http://go.marcopolo.de/kap

Städte haben viele Facetten. Wenn Sie Lust haben, diese verschiedenen Gesichter mit all ihren einzigartigen Besonderheiten zu entdecken, wenn Sie jenseits bekannter Pfade geführt oder zu grünen Oasen, ausgewählten Restaurants oder typischen Aktivitäten geleitet werden wollen, dann sind diese maßgeschneiderten Erlebnistouren genau das Richtige für Sie. Machen Sie sich auf den Weg und folgen Sie den Spuren der MARCO POLO Autoren – ganz bequem und mit der digitalen Routenführung, die Sie sich über den QR-Code auf S. 2/3 oder die URL in der Fußzeile zu jeder Tour downloaden können.

In Kapstadt gehen die Uhren ein wenig langsamer, insofern widerspricht es dem natürlichen Rhythmus der Stadt, sich den Tag zu voll zu packen. Manchmal aber bleibt nur wenig Zeit. Für Kurzbesucher, die Strand, Innenstadt und einen Township an einem Tag sehen wollen, ist diese Tour optimal.

08:00 Vorzugsweise starten Sie den Tag mit einem Frühstück im ❶ **Vovo Telo Café** *(33 Pierhead | Tel. 021 418 37 50 | €€)* an der Victoria & Alfred Waterfront **gleich neben dem Amphitheater**. Hier finden Sie problemlos einen Parkplatz in einem der Parkhäuser. Das berühmte Kap-

❶ Vovo Telo Café

Bild: Kirstenbosch Botanical Gardens

städter Sonnenlicht ist jetzt am besten für Fotos; halten Sie nach Motiven Ausschau, es gibt sie zuhauf.

❷ Two Oceans Aquarium

09:00 Verlassen Sie die Fußgängerzone, indem Sie 200 m zur West Quay Road und dann in die Dock Road gehen. Dort finden Sie das ❷ **Two Oceans Aquarium**, davor startet Ihr *Explorer Bus*. Der rote Doppeldeckerbus fährt erstmals um 9 Uhr an der Waterfront am Aquarium ab (dann alle 20 Min.) und steuert auf der *Blue Mini Peninsula Tour* die Attraktionen der Stadt an, die über einen Kopfhörer in 16 Sprachen erklärt werden. Sie steigen an den im weiteren Verlauf genannten Stationen aus, und wenn Sie weiterfahren möchten, warten Sie einfach auf

ERLEBNISTOUREN

den nächsten Bus. Genießen Sie die morgendliche Fahrt durch die bereits geschäftige Stadt.

Steigen Sie an der Haltestelle Mount Nelson Hotel (76 Orange Street) aus. Machen Sie einen Spaziergang durch den friedlichen ❸ **Company's Garden → S. 29**, und besuchen Sie das ❹ **South African Museum → S. 32**, in dem es eine Fossiliensammlung zu bestaunen gibt. Kehren Sie danach auf ein Lunch im hippen Burgerrestaurant ❺ **Royale Eatery → S. 63** ein. Legendär der Swiss Cheese Royale mit Pommes frites! **Nehmen Sie den nächsten Bus, und steigen Sie nach 15-minütiger Fahrt in Kirstenbosch am** ❻ **Botanischen Garten → S. 43 aus.** Verbringen Sie eine Stunde in dieser phantastischen Natur.

14:15 Sie warten wieder auf den Bus. Steigen Sie an der Station ❼ **Imizamo Yethu Township** aus. Dort wartet eine vom Busunternehmen lizensierte Fremdenführerin. In der Regel dauert eine Township-Tour eine halbe Stunde und kostet 100 Rand pro Person. Die Herzlichkeit der Menschen in dem Armenviertel erscheint umso beeindruckender, wenn man ihre Lebensumstände aus der Nähe gesehen hat. Erst wer dieses „andere" Südafrika erlebt hat, bekommt eine ungefähre Vorstellung von den Alltagsrealitäten in Kapstadt.

16:00 **Zurück in den Bus,** und weiter geht's zum anderen Extrem dieser Tour: nach ❽ **Camps Bay → S. 41. Der Edelstrand ist nur eine halbe Stunde Fahrt entfernt.** Trinken Sie einen Cappuccino im **Café Caprice → S. 79**, dem Ort mit der höchsten Modeldichte Kapstadts. Dieser unglaubliche Wechsel von bitterer Armut zu Luxus löst bisweilen ein komisches Gefühl aus – diese Widersprüche sagen aber mehr aus über Südafrika als tausend Worte. **Fahren Sie nun zurück zum Ausgangspunkt, der Victoria & Alfred Waterfront.** Genießen Sie bei einem Shellfish-Steak den Sonnenuntergang im ❾ **Harbour House → S. 41**, einem schicken Restaurant beim Amphitheater.

21:00 **Nehmen Sie nach dem Essen ein Taxi, und fahren Sie zum Abschluss zur Long Street, Hausnummer 273.** Dort gehen Sie in den ❿ **Waiting Room → S. 78**, einen der besten Clubs der Stadt. Verarbeiten Sie die Eindrücke des ereignisreichen Tages bei einem Savannah, oder tanzen Sie zu den Rhythmen der exzellenten DJs, die hier beinahe jeden Abend auflegen.

❷ GÄRTEN UND GESCHICHTE IN DER INNENSTADT

START: ❶ Parkeingang Queen Victoria St.
ZIEL: ❶ Parkeingang Queen Victoria St.

½ Tag
reine Gehzeit
1 Stunde

Strecke:
🚶 4 km

KOSTEN: Pro Person ca. 120 Rand für Essen und 30 Rand Eintritt für die South African National Gallery
MITNEHMEN: Rucksack (für Einkäufe), Sonnenschutz, Sonnenhut, Wasserflasche

ACHTUNG: Der Company's Garden schließt um 19 Uhr.
Parken Sie in der Queen Victoria Street, auf der Orange Street gibt es kaum Parkplätze. Die Parkwächter verlangen die Parkgebühr recht rigoros im Voraus.

Kapstadts Zentrum hat urbanes Flair, ohne dabei zu hektisch zu wirken – auch dank seiner wunderbaren Parkanlagen. Kombinieren Sie bei einem Besuch von Company's Garden und seiner Umgebung ein erholsames Naturerlebnis mit einem Stadtbummel.

❶ Parkeingang Queen Victoria Street

10:00 Sie beginnen die Tour durch Company's Garden am ❶ **Parkeingang Queen Victoria Street**, denn sie ist eine der wenigen Straßen in der Nähe des Parks, wo es gute Chancen auf einen Parkplatz gibt. Die Geschichte des Stadtteils Gardens lässt sich bis ins Jahr 1652 zurückverfolgen, als der erste öffentliche Garten eröffnet wurde. **Folgen Sie dem Gehweg 300 m ins Zentrum des Parks;** die einzigartige Atmosphäre wird Sie schnell verzaubern – von hier aus sieht man Devil's Peak im Osten und Lion's Head im Westen. Haben Sie schon die Eichhörnchen bemerkt? Sie sind extrem zutraulich und fressen auch schon mal aus der Hand. **Gehen Sie 200 m entlang der Gallery Lane.** Am anderen Ende des Parks laufen Sie geradewegs auf die 1872 gegründete ❷ **South African National Gallery → S. 32** mit Gemälden ab dem 17. Jh. zu. Verbringen Sie hier eine interessante Stunde.

❷ South African National Gallery

11:30 Gehen Sie die Gallery Lane zurück, bis Sie nach 50 m auf die Government Avenue in der Mitte des Parks stoßen – hier biegen Sie rechts ein. Rechter Hand liegt jetzt der große Komplex der ❸ **Houses of Parliament**

❸ Houses of Parliament

ERLEBNISTOUREN

→ S. 30 rund um das imposante, neoantike Hauptgebäude. Links, ein paar Meter in den Park hinein, finden Sie nun zwischen majestätischen Bäumen das ❹ **Rhodes-Denkmal** für den Kolonialisten Cecil Rhodes in Form einer gewaltigen Statue. Im 19. Jh. gründete er den Diamantenkonzern De Beers sowie Südafrikas Nachbarstaat Rhodesien (heute Simbabwe). **Gehen Sie in einem Bogen zurück zur Government Avenue,** an deren Ende sich links die ❺ **St George's Cathedral** → S. 36 erhebt, eine anglikanische Kirche mit eindrucksvoller Fensterkunst.

12:30 Schlendern Sie über die Government Avenue wieder zurück, nach 200 m sehen Sie das nette ❻ **Company's Garden Restaurant** → S. 30, das mit leichten Mahlzeiten oder Kaffee und Kuchen den perfekten Ort für Ihre Pause darstellt. Aufregend für die Kinder: Draußen gibt es INSIDER TIPP große Korbnester, in denen man sich verstecken oder schaukeln kann. Gesellen Sie sich einfach mal dazu, wenn sich die Kapstädter in der Mittagspause oder am Wochenende im Park treffen und über das letzte Rugby- oder Fußballspiel diskutieren, und entspannen Sie im Schatten der großen Bäume.

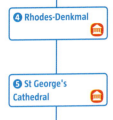

❹ Rhodes-Denkmal

❺ St George's Cathedral

❻ Company's Garden Restaurant

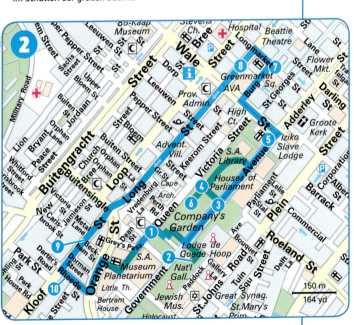

- **7 Greenmarket Square** ☕ 🛍
- **8 Long Street** 🛍
- **9 Kloof Street** ☕
- **10 Mabu Vinyl** 🛍
- **1 Parkeingang Queen Victoria Street**

14:00 Genug entspannt – **verlassen Sie die Gärten, und gehen Sie über die Burg Street zum ❼ Greenmarket Square → S. 34**. Hier hat sich ein quirliges Großstadtleben mit Cafés und Marktständen entwickelt. Und die Händler lassen sich, wenn auch scheinbar empört, meist ein gutes Stück von ihren Preisen für afrikanischen Schmuck und Skulpturen herunterhandeln. **Nach dem Marktbesuch stoßen Sie über die Longmarket Street auf die ❽ Long Street → S. 31**, die lebendigste Straße Kapstadts. In viktorianischen Häusern haben sich Restaurants und Clubs angesiedelt, auf deren ausladenden Balkonen die Kapstädter Nächte zur vollen Entfaltung kommen. Sie nutzen den Nachmittag für einen Bummel durch die Mode-Design-Läden der Straße. **Folgen Sie der Straße in Richtung Tafelberg, stoßen Sie nach wenigen Hundert Metern auf die ❾ Kloof Street → S. 30**, wo die Restaurants ein wenig gediegener sind. Kehren Sie auf einen Kaffee in das auf der rechten Seite hinter einer dichten Hecke versteckte **Kloof Street House** *(30 Kloof Street)* ein.

15:30 **Auf dem Rückweg zur Queen Victoria Street** kommt man in der Rheede Street am besten Plattenladen der Stadt vorbei: **❿ Mabu Vinyl → S. 30**. Der Besitzer Stephen Segermann ist Hauptdarsteller in der Oscar-prämierten Dokumentation „Searching for Sugarman" (s. Bücher & Filme, S. 53) und lässt sich inmitten seiner Schallplattensammlung gerne auf einen Plausch über Südafrikas Musikgeschichte ein. Gegen 16 Uhr endet Ihre Tour wieder am **❶ Parkeingang Queen Victoria Street**.

Auf Schnäppchenjagd am bunten Greenmarket Square

ERLEBNISTOUREN

③ OBSERVATORY UND WOODSTOCK: GENTRIFICATION LIVE

START: ❶ Lower Main Road
ZIEL: ⓬ GoGo

Strecke:
➡ 5 km

½ Tag
reine Gehzeit
1 ½ Stunden

KOSTEN: Ca. 150 Rand pro Person für Verpflegung
MITNEHMEN: Rucksack für Einkäufe, Sonnenschutz, Wasser

ACHTUNG: Die Gegend ist weitgehend sicher. Es empfiehlt sich aber, die Tour im Hellen zu beenden und nicht allein zu gehen. Unternehmen Sie die Tour am besten an einem Samstagvormittag, dann hat der ❽ Old Biscuit Mill Market geöffnet.

Observatory zählt nicht zu den Touristenspots. Das ist gut so, weil das Studentenviertel so seinen rauen Charme behält. Das alternativ angehauchte Viertel ist *dodgy*, wie Südafrikaner etwas abgerockte Gegenden nennen, hat sich aber positiv entwickelt, sodass ein Besuch am Tag gefahrlos möglich ist. Noch hipper ist Woodstock, wo sich viele Kreative niedergelassen haben.

09:00 Beginnen Sie Ihren Spaziergang in der ❶ **Lower Main Road in Höhe Hausnummer 73.** Damit betreten Sie das Herz von Observatory. In kaum einer anderen Straße gibt es eine vergleichbare Dichte von Cafés, Galerien und Geschäften – wie z. B. der Plattenladen ❷ **Revolution Records**. Nach wenigen Metern entdeckt man ihn auf der linken Straßenseite. 20 000 Schallplatten lagern im Laden. Gegenüber dringt der Räucherstäbchenrauch durch die Tür des ❸ **Kilimanjaro**-Ladens, wo Kristalle und afrikanische Gewänder auf Käufer warten. Ein paar Eingänge weiter finden Sie ❹ **Honeybun**, ein Eckcafé mit tollem Curry. An einem zur Straße gerichteten Tresen kann man beim Kaffee die Lebenskünstler der Gegend beobachten. Auf der anderen Straßenseite bietet ❺ **That Place** eine Mischung aus Buchladen und Café, in dem Hipster hinter ihren Laptops sitzen und Falafel essen. Das soziale Leben von „Obz" konzentriert sich auf diese Straße, doch es lohnt, auch durch die Seitenstraßen zu schlendern, den Kindern beim Spielen zuzuschauen, in afrikanische Friseursalons oder die kleinen Kirchen hineinzuschauen. **Biegen Sie dafür nach 400 m rechts in die Colingwood Road und wieder links in die Howe Street ein; nach 300 m kehren**

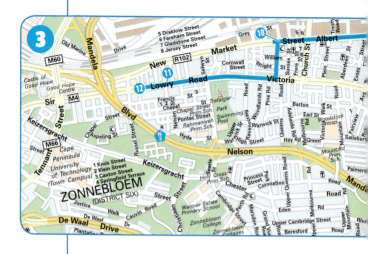

6 Liesel Trautman Ceramics 🛍

7 These Four Walls 🛍

Sie links über die Nelson Road zurück auf die **Lower Main Road**. Auf der Ecke stoßen Sie auf den kreativsten Keramikladen der Stadt: **6 Liesel Trautman Ceramics**.

11:00 Gehen Sie nun weiter die Lower Main Road hinab, vorbei an Antiquitätenläden. Besuchen Sie die von außen unscheinbare Galerie **7 These Four Walls** (*168 Lower Main Road*). Der Besitzer stellt Ihnen gerne die aktuellen Arbeiten seiner Künstler vor. Nach einem Kilometer merkt man, dass noch nicht alle Ecken in Observatory renoviert wurden, die Gegend befindet sich noch in der Entwicklung. **Gehen Sie am Ende der Lower Main Road links in die Albert Road.** Plötzlich verschwinden die Bouti-

Informeller Treffpunkt am Samstag: Old Biscuit Mill

ERLEBNISTOUREN

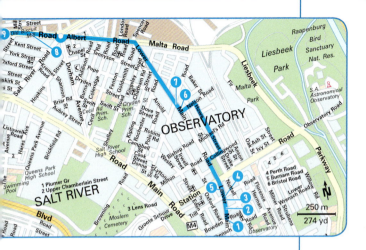

quen, stattdessen befinden Sie sich auf einer typisch afrikanischen Einkaufsstraße. Es lohnt sich weiterzubummeln, besonders, wenn Sie samstags unterwegs sind. Dann hat nämlich der ❽ INSIDERTIPP **Old Biscuit Mill Market** geöffnet, und der ist nur 20 Minuten entfernt und Wochenend-Treffpunkt Nummer eins. Stärken Sie sich hier mit einem Flammkuchen.

13:00 200 m vom Old Biscuit Mill Market bietet die ❾ **World of Rustic Frames** die berühmten Bilderrahmen im „Rustic Style". Im weiteren Verlauf der Straße sehen Sie bald, wie talentiert die südafrikanische Graffitiszene ist. Es ist kein Zufall, dass in diesem kreativen Umfeld die ❿ **Woodstock Exchange** *(66 Albert Road)* entstanden ist. Hier haben sich nicht nur junge Firmen eingemietet, sondern auch tolle Geschäfte: **Honest Chocolate** z. B., der beste Schokoladenladen der Stadt, oder **Lady Bonin's**, ein Teeladen, wo die Kunst des High Tea zelebriert wird.

14:00 Gehen Sie nun durch die Seitenstraße Station Street an der Woodstock Exchange vorbei zur zweiten boomenden Straße in Woodstock, der Sir Lowry Road. Nach einigen Minuten erreichen Sie die zurzeit spannendste Galerie Kapstadts: ⓫ **Michael Stevenson Contemporary → S. 69**. Langsam haben Sie sich einen Kaffee verdient. Im Deli ⓬ **GoGo** *(41 Sir Lowry Street | Tel. 021 4 61 39 73 | €)* endet der Spaziergang durch die derzeit kreativste Gegend Kapstadts.

④ BEACHFRONT PROMENADE: SPAZIERGANG AM MEER

START: ❶ Victoria & Alfred Waterfront
ZIEL: ❶ Victoria & Alfred Waterfront

1 Tag
reine Gehzeit
3 Stunden

Strecke: 🚶 12 km

KOSTEN: Ca. 200 Rand pro Person für Verpflegung, Schwimmbad und Stadiontour
MITNEHMEN: Badesachen, Sonnenschutz, Wasserflasche

ACHTUNG: Buchungen Stadionrundgang unter *Tel. 021 4 17 01 20*

Kaum zu glauben, dass an der Victoria & Alfred Waterfront → S. 40 noch Anfang der 1990er-Jahre nur ein paar Baracken und Kneipen standen. Nun ist sie das teuerste Grundstück des Kontinents und lockt die Touristen in Scharen an.

❶ **Victoria & Alfred Waterfront**

09:00 Schlendern Sie am Amphitheater beginnend über das Gelände der ❶ **Victoria & Alfred Waterfront**. Im Hintergrund erhebt sich der Tafelberg, und vor Ihnen liegt das pralle Leben dieses verrückten Hafens. Von hier aus starten viele Touristenboote, auch der Industriehafen ist weiterhin aktiv. **Es geht weiter über den Breakwater Boulevard vorbei am Grand Café & Beach, das bei einer anderen Gelegenheit sehr empfehlenswert für Cocktails ist. Biegen Sie rechts in die Beach Road ein, und schlendern Sie die Uferpromenade entlang.** Links sehen Sie das ❷ **Green Point Stadium** *(Eingang über Fritz Sonnenberg Street)*. Hier weinte der Argentinier Diego Maradona, nachdem seine Mannschaft das Viertelfinale der WM 2010 mit 0:4 gegen Deutschland verloren hatte. Ein aus deutscher Fansicht also denkwürdiger Ort, durch den jeweils um 10, 12 und 14 Uhr ein Rundgang angeboten wird (45 Rand). Finden Sie sich dafür um 9:45 Uhr im Besucherzentrum des Stadions ein. Es ist gut ausgeschildert.

❷ **Green Point Stadium**

12:00 Kehren Sie zur Beach Road zurück. Nach 600 m erreichen Sie gegenüber vom Leuchtturm das ❸ **Caffe Neo** *(129 Beach Road | Tel. 021 4 33 08 49 | €)* **auf der linken Seite.** Bedienen Sie sich an der Salatbar. Hinter dem Café beginnt der ❹ **Green Point Park**. Früher bestand das Gelände aus einem Golfplatz. Inzwischen umgibt die 65 000 Zuschauer fassende Arena ein neu angelegter Park

❸ **Caffe Neo**

❹ **Green Point Park**

98 Diese Touren finden Sie als App unter http://go.marcopolo.de/kap

ERLEBNISTOUREN

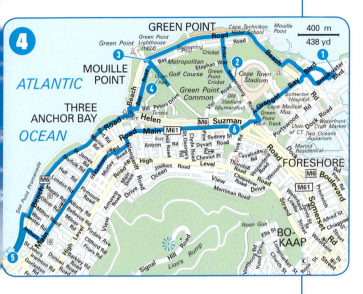

mit tollen Spielplätzen. Botaniker können hier 25 000 verschiedene Pflanzen erkunden. Interessant ist auch der Ökogarten ⓘ INSIDERTIPP *Biodiversity Showcase Garden*, wo Sie Wissenswertes über die hiesige Flora erfahren.

Kehren Sie zur Beach Road zurück, und gehen Sie weiter am Ufer entlang. Die 6 km lange Promenade gehört zu den schönsten, die internationale Metropolen zu bieten haben. Mit Kraft rollen die Wellen heran, und an einigen Stellen muss man aufpassen, denn sie schwappen über. Hier joggt die Stadt: Alte und Junge, Übergewichtige und Hübsche – schließlich ist Kapstadt die Hauptstadt der südafrikanischen Modelszene. Eltern spielen mit ihren Kindern, Studenten kicken einen Ball über die Wiese. Jetzt lockt eine Abkühlung: **Laufen Sie weiter bis zum ❺ Sea Point Pavillon Pool** in Sea Point → S. 45 und genießen Sie das 50-m-Becken mit Meerblick – und das für spottbillige 21 Rand Eintritt.

16:30 Auf dem Rückweg über die Main Road ist es Zeit für einen Snack; ❻ **Giovanni's Café-Bar** *(103 Main Road | €–€€)* liegt beinahe auf dem Weg. Nach dem Genuss eines der berühmten Schinken-Sandwiches, die Sie sich auch einpacken lassen können, schaffen Sie den Rückweg zur ❶ **Victoria & Alfred Waterfront** locker.

MIT KINDERN UNTERWEGS

CAPE POINT OSTRICH FARM
(U B5) (*b5*)
Wer nicht auf Anhieb sagen kann, wie schwer ein Straußenei ist und wie lange es dauert, bis daraus ein Nachwuchsstrauß schlüpft, muss nicht den Kopf in den Sand stecken. Das alles und mehr erfahren Tierfreunde auf der einzigen Zuchtfarm der Kaphalbinsel (mit Restaurant). Führungen auch auf Deutsch. *Tgl. 9.30–17.30 Uhr | Touren 40 Rand, Kinder 20 Rand | Plateau Road | gegenüber der Einfahrt zum Kap der Guten Hoffnung | Tel. 02 17 80 92 94*

CAVE GOLF ● (137 D1) (*G2*)
Wenn das Wetter eine große Runde Golf verhindert, bleibt noch die Möglichkeit, eine kleine einzulegen. An der Waterfront haben die Macher von *Cave Golf* einen anspruchsvollen 18-Loch-Kurs angelegt, der Spaß für die ganze Familie garantiert. *Tgl. 9–17 Uhr | V & A Waterfront | Tel. 02 14 19 94 29*

COOL RUNNINGS (140 B5) (*U17*)
Wer rutscht, der fühlt sich wieder als Kind. Davon ist der Deutsche Frank Unger so überzeugt, dass er gleich eine 1,2 km lange Rutsche gebaut hat. Auf der eine halbe Stunde Fahrt vom Zentrum entfernten, ganzjährig geöffneten Sommerrodelbahn können Kinder schon ab 3 Jahren in Begleitung ihrer Eltern fahren – Spaß haben Jung und Alt. *Di–Fr 11–18, Sa/So 9–18 Uhr | Erw. 40 Rand, Kinder 35 Rand | Carl Cronje Drive | Bellville | Tel. 02 19 49 44 39 | www.cool-runnings.co.za*

PLANETARIUM
(136–137 C–D5) (*F–G5*)
Schon vor der Bettzeit Sterne schauen? Im Planetarium des *South African Museum* geht das den ganzen Tag über. Erkundigen Sie sich nach den wechselnden Shows. Einige eignen sich besonders gut für kleinere Kinder, andere sind eher für Hobby-Astronomen jenseits der 18 gedacht. *Tgl. 10–7 Uhr | Shows 25 Rand, Kinder 10 Rand | Tel. 02 14 81 39 00 | South African Museum | 25 Queen Victoria Street | Company Gardens*

PUTT PUTT COURSE
(136 A1) (*D–E2*)
Hole in One mit Meerblick: Auf dem Minigolfplatz unweit der Promenade in Mouille Point kann man das Ganze 36-mal versuchen. Hier gibt es zwei Plätze mit je 18 Löchern. *Tgl. 9–21 Uhr | 14 Rand | Bill Peters Drive | Mouille Point | Tel. 02 14 34 68 05*

Von Straußen und Sternen: Tipps für lehrreiche, spannende und entspannende Unternehmungen mit Kindern

SAFARI

Nicht mit dem vollen „Out of Africa"-Gefühl, aber dafür malariafrei und in Stadtnähe gibt es zwei Wildtierfarmen, die Safaritouren und Übernachtungen in Vier-Sterne-Unterkünften anbieten: *Aquila Safari (Tel. 02 14 31 84 00 | www.aquilasafari.com)* und *Inverdoorn Game Reserve (Ceres | Tel. 02 14 34 46 39 | www.inverdoorn.com)*.

SCRATCH PATCH (137 D1) (*G2*)

In die Kiste mit polierten Steinen können sich Schatzsucher setzen und wühlen: Jede Menge Halbedelsteine wie Lapislazuli oder Rosenquarz sind versteckt. In der kleinen *(14 Rand)* oder großen *(85 Rand)* Tüte kann man sie mit nach Hause nehmen *(tgl. 9 Uhr–Einbruch der Dunkelheit | Dock Road | V & A Waterfront | Tel. 02 14 19 94 29 | www.scratchpatch.co.za)*. Wie Halbedelsteine verarbeitet werden, zeigt die Filiale in *Simon's Town (U B5) (b5) (Mo–Fr 8.30–16.45 Uhr | Dido Valley Road | Tel. 02 17 86 20 20)*.

INSIDER TIPP SEGWAY-TOUR WEINGUT SPIER (140 B5–6) (*U17–18*)

Für Kinder gibt es kaum etwas Langweiligeres als Weinproben. Ködern kann man sie (ab 10 Jahren) aber mit einer Segway-Tour durch die Weinberge des Spier-Weinguts in der Nähe von Stellenbosch. *Tgl. 9–18 Uhr nach Vereinbarung | ab 275 Rand | R310 Baden Powell Road | Stellenbosch | Tel. 02 18 09 11 57 | www.segwaytours.co.za*

INSIDER TIPP SERENDIPITY MAZE (136 A1) (*D1–2*)

Wer bis zur Mitte vorstößt, hat einen Wunsch frei. Das verspricht zumindest die Fee. Was es sonst noch mit den Wünschen und Feen im mit 14 000 m² drittgrößten Irrgarten der Welt auf sich hat, erklärt Betreiber Jonathan Durr. Der scheint direkt aus einem Märchenonkelbilderbuch entsprungen zu sein. *Mo–Fr 14–19, Sa/So 10–19 Uhr | Erw. 20 Rand, Kinder 15 Rand | Beach Road | Green Point | Tel. 07 69 03 11 02*

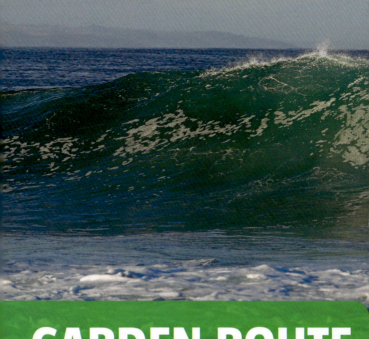

GARDEN ROUTE

Als die ersten europäischen Siedler an der Südküste Afrikas eintrafen, hatten sie das Gefühl, in einem üppigen Garten gelandet zu sein. Die gesamte Küstenregion entlang des Indischen Ozeans ist überzogen mit wilden Wäldern und farbigen Fynbos-Blüten. Deshalb gaben die Siedler dieser Region den Namen Garden Route.

Von Mossel Bay im Westen bis zum Tsitsikamma National Park erstreckt sich auf gut 200 km ein Küstenstreifen, dessen Schönheit überwältigend ist: einsame Strände und Buchten, urwaldartig überwucherte Berghänge und Klippen, in die sich immer wieder tiefe Schluchten fressen. Durch diese schlängeln sich Flüsse, deren Wasserfärbung wegen der Filterung durch den tanninhaltigen Waldboden an kräftigen Rotwein erinnert. Ihr Wasser mischt sich an der Küste mit den warmen Strömungen des Indischen Ozeans. Die Einsamkeit der Landschaft wechselt sich mit dem lebendigen Charme der Orte ab. Inoffizielle Hauptstadt der Garden Route ist *Knysna,* das regelmäßig zum Lieblingsferienort des Landes gewählt wird. Viele Urlauber erkunden von hier aus die weitere Umgebung. Die Distanzen sind überschaubar. Wer sparen möchte und keinen Wert darauf legt, im Zentrum des Garden-Route-Tourismus zu übernachten, wählt als Schlafstätte eine Alternative entlang der Strecke.

Nehmen Sie auf dem Hin- oder Rückweg zwischen Kapstadt und der Garden Route die R 62 durch die Halbwüste der Klein Karoo im Hinterland, und planen Sie ein

Bild: Surfer in Mossel Bay

Wilder Wald und schwarze Flüsse: einsame Strände, unberührte Natur und kleine Küstenorte am Indischen Ozean

bis zwei Übernachtungen ein. Der extreme Kontrast der kargen Landschaft zur fruchtbaren Garden Route ist faszinierend. Wichtigster Ort entlang der Strecke und Weltmetropole der Straußenzucht ist *Oudtshoorn*. Die schöne Route 62 ist außerdem die längste Weinstraße der Welt. Durch die kargen Bedingungen sind die Weingüter hier für Portwein, Brandy und Dessertweine bekannt. Südafrikas Portmetropole ist unangefochten *Calitzdorp* (50 km von Oudtshoorn). Lassen Sie sich eine Weinprobe auf einem der Weingüter nicht entgehen! Nehmen Sie sich für die Garden Route eine Woche Zeit. Das reicht, um die vielen Facetten dieser Region zu entdecken. Die folgende Auflistung der Hauptorte folgt nicht dem Alphabet, sondern dem Verlauf der Garden Route.

MOSSEL BAY

(141 E6) *(Ø X18)* **Ab 1500 tauschten portugiesische Seefahrer, die an der**

MOSSEL BAY

Mossel Bay ihre Vorräte auffüllten, Nachrichten aus, die sie an einem alten Milkwood-Baum hinterließen. Später wurde der Baum als erstes Postamt Südafrikas berühmt. Seinen Namen erhielt das lebendige Hafen- und Feri-

STRAND

Unterhalb der Stadt liegt der schöne *Santos Beach:* Hier können Sie im warmen Wasser des Indischen Ozeans herrlich schwimmen und schnorcheln.

Oudtshoorn gilt als Südafrikas Hauptstadt der Straußenzucht

enstädtchen (35 000 Ew.) im 17. Jh. von den Holländern wegen des großen Muschelvorkommens.

SEHENSWERTES

BARTOLOMEU DIAS MUSEUM COMPLEX

Benannt nach dem ersten europäischen Seefahrer, der 1488 in Südafrika vor Anker ging. Museumszentrum mit diversen, heimatkundlichen Museen und dem *Post Office Tree*. Bis heute kann man von hier aus Post verschicken. *Mo–Fr 9–16.45, Sa/So 9–15.45 Uhr | 1 Market Street | www.diasmuseum.co.za*

ÜBERNACHTEN

BAY LODGE ON THE BEACH

Sie wohnen etwas außerhalb von George in einem modernen Gebäude direkt am Strand und schlafen zum sanften Klang des Wellenschlags ein. *9 Zi. | 29 Bob Bower Crescent | Tel. 044 6 95 06 90 | www.bay-lodge.co.za | €€*

AUSKUNFT

MOSSEL BAY TOURISM BUREAU

Church Street/Ecke Market Street | Tel. 044 6 91 22 02 | www.visitmosselbay.co.za

GARDEN ROUTE

GEORGE

(141 E5–6) (*ΩΩ X17–18*) **Die kleine, 1811 gegründete Stadt George (105 000 Ew.) liegt malerisch eingebettet zwischen den schönen Outeniqua-Bergen und dem Meer und ist das Geschäftszentrum der Garden Route.**

Vor allem Freunde des Golfsports zieht es aus aller Welt hierher, was nicht zuletzt an *Fancourt* liegt, dem international berühmten Golfresort. Hier wurden u. a. seinerzeit schon der President's Cup zu Ehren von Nelson Mandela und der erste Frauenweltcup ausgespielt.

SEHENSWERTES

OLD SLAVE TREE

In den mächtigen Stamm der angeblich schon 200 Jahre alten Eiche sind Teile einer alten Eisenkette eingewachsen. Hier sollen früher Sklavenversteigerungen stattgefunden haben – daher der Name. *York Street*

FREIZEIT & SPORT

FANCOURT

Das renommierte Golfresort rangiert weltweit auf den vorderen Plätzen. Zum einen liegt dies an den vier herrlichen 18-Loch-Plätzen, die der berühmte Golfer Gary Player gestaltet hat, zum anderen an der Exklusivität des angeschlossenen Luxushotels. Das Greenfee für Nichtmitglieder kostet ab 300 Rand. *Montagu Street | Tel. 044 8 04 00 30 | www.fancourt.com*

AUSKUNFT

GEORGE TOURISM BUREAU

124 York Street | Tel. 044 8 01 92 95 | www.georgetourism.org.za

ZIELE IN DER UMGEBUNG

OUDTSHOORN ★ (141 E5) (*ΩΩ X17*)

Nach Oudtshoorn, 50 km von George entfernt, gelangen Sie über den schönen *Outeniqua-Pass*. Die Stadt ist Zentrum der Straußenzucht und wichtigster Ort der Halbwüste Klein Karoo. Besuchen Sie eine der Zuchtfarmen, z. B. die *Highgate Ostrich Show Farm (Tel. 044 2 72 71 15 | ca. 10 km außerhalb von Oudtshoorn in Richtung Mossel Bay, der Beschilderung an der R 328 folgen | www.highgate.co.za)*, die älteste Straußenfarm der Welt. In Oudtshoorn finden Sie mit dem *Jemima's (Di–So 11–14, 18–22 Uhr | 94 Baron van Reede Street | Tel. 044 2 72 08 08 | €€)* außerdem eins der Top-10-Restaurants Südafrikas. Ein Genuss: **INSIDER TIPP** Straußen- und Lammfleisch, kombiniert mit regionalen Gewürzen. Unbedingt reservieren! Übernachten Sie im *Foster's Manor (8 Zi. | 52 Voortrecker Road | Tel. 044 2 79 26 77)*, einer ehemaligen Straußenfarm.

Auskunft: *Oudtshoorn Tourism Bureau (Baron van Reede Street | Tel. 044 2 79 25 32 | www.oudtshoorninfo.com)*

MARCO POLO HIGHLIGHTS

★ **Oudtshoorn**
Welthauptstadt der Straußenzucht → S. 105

★ **Featherbed Nature Reserve**
Naturreservat direkt an der Lagune → S. 106

★ **Tsitsikamma National Park**
Wandern und wohnen im Nationalpark am Meer
→ S. 109

KNYSNA

WILDERNESS NATIONAL PARK
(141 E5–6) (*m* X17–18)
Über 28 km entlang der Küste zieht sich der Nationalpark (18 km von George entfernt), der seine abwechslungsreiche Flora und Fauna u. a. dem Aufeinandertreffen des Indischen Ozeans mit den süßwasserhaltigen Bergflüssen zu verdanken hat. Für Wanderungen, Abseiling, Rad- und Kanutouren gibt es zahlreiche Anbieter. Erkundigen Sie sich beim *Wilderness Tourism Bureau (Leila's Lane | Tel. 044 8 77 00 45 | www.tourismwilderness.co.za)*. Wer mag, kann die Nacht in einer Ferienhütte (€) im Park verbringen. *Ebb & Flow Camp (an der N 2 östl. von Wilderness ausgeschildert | Tel. 044 8 77 11 97 | www.sanparks.org)*

KNYSNA

(141 E6) (*m* X18) **Regelmäßig wird Knysna (30 000 Ew.) von den Südafrikanern zum beliebtesten Ferienort gewählt und ist entsprechend touristisch erschlossen.**

Die Waterfront mit ihren Restaurants und Souvenirläden ist bestens auf die zahlreichen Gäste eingerichtet. Rund 2 Mio. Touristen im Jahr irren nicht: Knysna ist ein herrliches Fleckchen Erde! Im Zentrum ragt die *Knysna-Lagune* mitten in die Stadt hinein. An ihrer Meeresmündung liegt das Naturreservat *Featherbed Nature Reserve*, das nur über den Wasserweg erreichbar ist. Berühmt ist Knysna u. a. für seine köstlichen Austern. Beim Austernfestival im Juli werden bis zu 300 000 von ihnen verzehrt. Berüchtigt ist Knysna dagegen für seinen nautisch schwierigen Hafen. Mittlerweile lässt sich keine Versicherung mehr darauf ein, Schiffe zu versichern, die ihn anfahren. 87 Schiffswracks sollen hier schon auf Grund liegen!

SEHENSWERTES

FEATHERBED NATURE RESERVE ★
Das wunderschöne Naturreservat liegt an und auf der Sandsteinklippe an der Lagunenmündung von Knysna mit Blick auf die zahlreichen Schiffswracks im Ozean. Erkundigen Sie sich nach geführten Touren durch das Reservat, die z. T. mehrgängige Menüs beinhalten, und nach stimmungsvollen Schiffstörns mit dem einzigen Schaufelraddampfer Südafrikas. In der Hochsaison sollten Sie allerdings rechtzeitig buchen! *Touren tgl. 8.45–18.15 Uhr | 90–440 Rand (je nach Umfang) | Tel. 044 3 82 16 93 | www.featherbed.co.za*

WHALE WATCHING

Der beste Ort ist Hermanus, wo zahlreiche Touren zum Beobachten der Meeresgiganten starten. In Kapstadt sieht man sie am wahrscheinlichsten zwischen Simon's Town und Muizenberg an der Kaphalbinsel. Prinzipiell schwimmen sie mit 5–8 km/h gemächlich überall an der Garden Route entlang, gute Aussichtspunkte sind Plettenberg Bay und das De Hoop Nature Reserve. Die stoischen Kolosse sind übrigens Saisonarbeiter, man sieht sie nur von Juni bis November. Im September sind die Chancen am größten. Im November machen sich die Glattwale auf den Weg zurück ins kalte Wasser der Antarktis.

GARDEN ROUTE

Landschaftlich bezaubernd liegt Knysna direkt an einer großen Lagune

THE HEADS

Kurz hinter Knysna in Richtung Plettenberg Bay auf der N 2 finden Sie die Beschilderung nach *The Heads*. Sie können mit dem Auto bis zur Spitze der Sandsteinklippe vorfahren und haben hier einen tollen Blick auf die Lagune. Vielleicht leistet Ihnen dabei der ein oder andere *dassie* Gesellschaft: Diese kaninchengroßen Tiere (Dt.: Klippschliefer oder Klippdachs) sehen zwar aus wie Meerschweinchen, ihre nächsten Verwandten sind zoologisch gesehen aber Elefanten.

ESSEN & TRINKEN

FIREFLY EATING HOUSE

Feinschmecker fahren extra für das Lakritzeis zu den Gewürzladies. Mutter Sanchia und Tochter Dell Hadlow bringen Rezepte von ihren Reisen aus Asien und Ostafrika auf den Tisch. *152a Old Cape Route | Tel. 044 3 82 14 90 | www. fireflyeatinghouse.com | €€*

THE OYSTER CATCHER

Entdecken Sie beim Weißwein den Unterschied zwischen wilden und gezüchteten Austern. *Tgl. 9–23 Uhr | Knysna Quays | Knysna | Tel. 044 3 82 99 95 | www. oysterfestival.co.za | €€*

INSIDER TIPP ▶ PHANTOM FOREST

Sie werden von einem Geländewagen abgeholt und genießen ein Menü im Wald mit tollem Blick aufs Meer. Wer nicht mehr weg will, kann hier auch übernachten. *Phantom Pass, westlich von Knysna von der N 2 abgehend | Tel. 044 3 86 00 46 | www.phantomforest. com | €€€*

AUSKUNFT

KNYSNA TOURISM

40 Main Street | Tel. 044 3 82 55 10 | www.visitknysna.com

PLETTENBERG BAY

(141 E6) (*X18*) In „Plett", wie die Südafrikaner diesen bezaubernden Ort (10 000 Ew.) nennen, verbringen neben Einheimischen aus Johannesburg gut betuchte Gäste ihre Zeit.

PLETTENBERG BAY

Von Juli bis November ist Plettenberg Bay bei aus der Antarktis angereisten Walen beliebt, die man mit Glück sogar beim Gebären ihres Nachwuchses beobachten kann.

FREIZEIT & SPORT

AVENTURA ECO PLETTENBERG
Abenteuerlustige Naturen können eine mehrtägige geführte Bootstour den

Abschalten und spielen am weiten Strand von Plettenberg Bay

SEHENSWERTES

ROBBERG ISLAND NATURE RESERVE
Auf herrlichen Wanderstrecken durch die unberührte Natur der Halbinsel kommen Sie an Höhlen und Stränden vorbei. Mit etwas Glück beobachten Sie Seehunde, Delphine und Wale. *Eintritt 25 Rand | 4 km südl. von Plettenberg Bay | www.capenature.org.za*

ESSEN & TRINKEN

LE BISTRO ON THE BAY
Leichte französische Küche in einem charmant eingerichteten Bistro. *Tgl. 8–16 Uhr | Lookout Centre | Main Street | Tel. 044 5 33 13 90 | €*

Keurboom-Fluss hinauf und durch eine tiefe Schlucht unternehmen. Übernachtet wird am Ufer. Die Veranstalter betreiben auch eine Lodge mit 29 Apartments. *6 km östl. von Plettenberg Bay an der N 2 | Tel. 044 5 35 93 09*

STRÄNDE

Die zwei Stadtstrände von Plettenberg Bay heißen *Central* und *Hobie Beach*. Schön ist auch der malerische INSIDER TIPP *Keurboomstrand (ein paar Kilometer östlich an der N 2 der Beschilderung folgen)*, hinter dem sich urwaldartig bewachsene Felsen erheben. Aber sein Sie vorsichtig beim Baden – hier herrscht eine starke Strömung!

GARDEN ROUTE

ÜBERNACHTEN

SOUTHERN CROSS BEACH HOUSE
Die nette Villa im leicht angeplüschten Landhausstil liegt direkt am Strand. Familiäre Atmosphäre, schöne Balkone und Sonnenterrassen mit Blick aufs Meer. *5 Zi. | 1 Capricorn Lane | Tel. 044 5 33 38 68 | www.southerncrossbeach.co.za | €€*

AUSKUNFT

PLETTENBERG BAY TOURISM ASSOCIATION
Shop 35, Melville's Corner | 8 Main Street | Tel. 044 5 33 40 65 | www.plet tenbergbay.co.za

ZIELE IN DER UMGEBUNG

JEFFREY'S BAY (141 F6) (*Y18*)
Zwei Stunden östlich von Plettenberg Bay befindet sich das Mekka der südafrikanischen Surfer. Der Ort ist regelrecht um die Surfszene herumgewachsen. Das macht ihn nicht unbedingt schön, aber wer auf der Suche nach Gleichgesinnten ist, dem wird das nicht allzu viel ausmachen. Und letztlich konzentriert sich das Leben ohnehin auf das Wasser, wo die Wellen so gleichmäßig anrollen wie nirgends sonst an der Küste. Steigen Sie unbedingt selbst mal aufs Brett, im Ort gibt es Dutzende Surfschulen. Doch auch das Zuschauen lohnt, besonders im Juli, wenn der *Billabong Pro* stattfindet und sich die besten Surfer der Welt messen. Dann ist der Ort rappelvoll, und in vielen Bars finden an den Wochenenden Konzerte statt. *www.jeffreysbaytourism.org*

TSITSIKAMMA NATIONAL PARK ★
(141 F6) (*Y18*)
In dem 70 km von Plettenberg Bay entfernten Park, der rund 100 km Küstenlinie umfasst, kann man phantastisch wandern. Der schönste Punkt ist die Flussmündung des Storm's River. Informieren Sie sich im Besucherzentrum über die für Sie passende Wanderroute. Es gibt tolle Übernachtungsmöglichkeiten im Park, die allerdings sehr frühzeitig gebucht werden müssen. Fahren Sie auf dem Weg zum Park über die R 102, und machen Sie unbedingt am **INSIDER TIPP** *Nature's Valley Beach*, einem herrlichen, unberührten Strand, einen Stopp. Danach haben Sie die Gelegenheit zum ultimativen Adrenalinkick: Auf der Rückfahrt über die N 2 kommen Sie an dem mit 216 m weltweit höchsten Bungeesprung von der *Bloukrans-Brücke (tgl. 9–17 Uhr)* vorbei. Ab der Ausfahrt östlich der Brücke werden geführte Touren über die Brücke angeboten. *Eintritt 108 Rand | www.sanparks.org*

LOW BUDGET

Gemütliche Unterkunft: *Buffalo Bay Backpackers* (141 E6) (*X18*) *(Schlafsaal ab 80, DZ ab 200, Camping 40 Rand | 1 Main Road | Buffalo Bay | Tel. 044 3 83 06 08 | www.buffalobaybackpackers.co.za)* in Knysna mit Blick auf den Strand. Hier kann man sich auch Kanuausflüge organisieren lassen.

Charmant ist die *Southern Comfort Western Horse Ranch* (141 E6) (*X18*) *(Schlafsaal ab 80, DZ ab 220 Rand | zwischen Knysna und Plettenberg Bay von der N2 ausgeschildert | Tel. 044 5 32 78 85 | www.schranch.co.za)*. Ein paar Betten stehen in Baumhäusern. Empfehlenswert: die geführten Ausritte durch den Wald im Westernsattel.

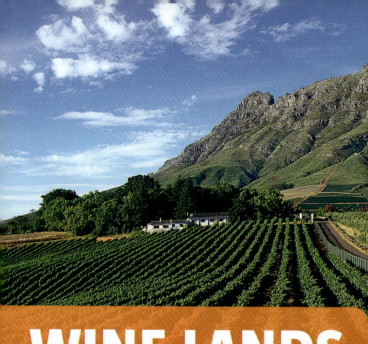

WINE LANDS

KARTE IM HINTEREN UMSCHLAG

Bei klarer Sicht sind die Bergketten der Wine Lands schon von Kapstadt aus zu sehen: Sie zeichnen sich im Südosten als Silhouetten ab. Und hat man die Fahrt dorthin – etwa eine Autostunde – zurückgelegt, ist ihr Anblick kaum weniger überwältigend. Die Berge, über die sich die Rebenfelder der Weinfarmen ziehen, machen die Wine Lands zu einem bezaubernden Landstrich.

Über 150 Weinfarmen verteilen sich im Gebiet zwischen Stellenbosch, Paarl und Franschhoek. Die ersten entstanden bereits im 17. Jh.: Jan van Riebeek, erster Gouverneur am Kap, erkannte die günstigen Klimavoraussetzungen und ließ hier Wein anbauen. Sein Nachfolger, Simon van der Stel, nach dem Stellenbosch benannt wurde, und die aus Frankreich vertriebenen Hugenotten, die sich um Franschhoek ansiedelten, verhalfen dem hier produzierten Wein zu Weltruhm. Über eine Milliarde Liter im Jahr werden in der Gegend produziert. Der Boden am Fuße der Berge ist fruchtbar, und die Weinbauern wissen ihn seit Generationen zu nutzen. Es ist hier – den schützenden Bergen sei Dank – längst nicht so windig wie an der Küste und bis zu fünf Grad wärmer. „Oh Augenblick, verweile doch, Du bist so schön", lässt Goethe seinen Faust sagen. Dieser Maxime folgen die Menschen in den Wine Lands. In einigen Dörfern, z. B. in McGregor, scheint die Zeit stillzustehen. Planen Sie zwei bis drei Tage ein, um die Gegend zu erkunden.

Bild: Weinberge in den Wine Lands

In den grünen Wine Lands können Sie vorzügliche Weine probieren oder sich an der zauberhaften Landschaft berauschen

Auf den meisten Weingütern kann man Wein verkosten (ein *Wine Tasting* kostet 30–40 Rand), und manche Weinfarmen sind darüber hinaus für ihren Käse oder für Ausritte bekannt. Außerdem gibt's in den Wine Lands einige der besten Restaurants ganz Südafrikas, und über die Bergketten führen Pässe mit sagenhaften Aussichten. Die Wine Lands haben sich den touristischen Bedürfnissen angepasst: Es gibt Weinrouten, die von Weinfarm zu Weinfarm führen (fragen Sie bei den Touristeninformationen nach Broschüren). Und für Weingenießer, die Lust auf eine von Experten geführte Tour haben, gibt es in der Touristeninformation im Clock Tower der Victoria & Alfred Waterfront einen speziellen **INSIDER TIPP** *Wine Desk (tgl. 9–18 Uhr | Tel. 02 14 24 63 64 | www.winedesk.co.za)*. Die Mitarbeiter organisieren Tagestouren, die von Absolventen der Weinakademie geleitet werden, und veranstalten Events. Sie können z. B. auf einer Weinfarm selbst Trauben ernten und die Beeren in Fässern stampfen.

FRANSCHHOEK

FRANSCHHOEK

(140 B5) *(U17)* **Klein-Frankreich in Südafrika: Franschhoek (4000 Ew.)** wurde 1688 von Hugenotten gegründet, die wegen ihres Glaubens Frankreich verlassen mussten.

Kurverei mit spektakulären Ausblicken über das ganze Tal reich belohnt. Im Ort selbst hat die Strecke den Namen „Elefantenpass": Die Hugenotten ließen sich die Strecke zwischen Franschhoek und Villiersdorp einst nämlich von den Dickhäutern austrampeln.

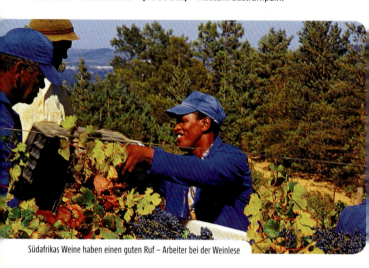

Südafrikas Weine haben einen guten Ruf – Arbeiter bei der Weinlese

Das Städtchen kann zwar mit der architektonischen Schönheit Stellenboschs nicht mithalten, allein die Lage aber – Franschhoek liegt in einem zauberhaften Tal, umgeben von mehreren Bergketten – macht einen Besuch wert. Und das Essen allemal: Franschhoek gilt als die Gourmetmetropole der Western-Cape-Region und Lachsforelle als die Spezialität des Orts.

SEHENSWERTES

FRANSCHHOEK PASS ★

Wer die engen Serpentinen des Passes erst einmal bewältigt hat, wird für die

ESSEN & TRINKEN

LA PETITE FERME

Wunderbar ist hier die Aussicht auf das Franschhoek-Tal, zu der man eine Lachsforelle oder leckere kapmalaiische Spezialitäten bestellen sollte. *Tgl. 12–16 Uhr | Franschhoek Pass | Tel. 02 18 76 30 16 | www.lapetiteferme.co.za | €€*

LE QUARTIER FRANÇAIS

Wer sich für keines der exquisiten Gerichte entscheiden kann, bestellt ein Degustationsmenü, eine Zusammenstellung der besten Delikatessen, die jeweils mit dem dazu passenden Wein serviert werden. Anschließend kann man in den roten Sesseln des **INSIDER TIPP** *kleinen Kinos* versinken, um sich Filmklassi-

WINE LANDS

ker anzusehen. *Tgl. ab 19 Uhr | 16 Huguenot Road | Tel. 02 18 76 21 51 | www.lqf.co.za | €€€*

REUBEN'S ⭐

Reuben Riffel ist ein Star der südafrikanischen Küche, sein Restaurant gewann schon etliche Auszeichnungen. Riffel verbindet einheimische Kochkunst mit internationalen Küchenstilen. *Tgl. 9–15 und 19–21 Uhr | Oude Stallen Centre | 19 Huguenot Road | Tel. 02 18 76 37 72 | www.reubens.co.za | €€*

AM ABEND

LA MOTTE

Im schicken Weinkeller werden am Wochenende Klassikkonzerte gegeben. Es spielen renommierte Künstler, die der Einladung von Besitzerin Hanneli Koegelenberg, selbst eine bekannte Mezzosopranistin, gerne folgen. Anschließend gibt's Häppchen und Wein. *Eintritt 125 Rand (inkl. Fingerfood nach dem Konzert) | 6 km außerhalb (an der R 45) | Tel. 02 18 76 80 00 | www.la-motte.com*

ÜBERNACHTEN

LA FONTAINE GUESTHOUSE

Die historische Villa wurde liebevoll hergerichtet und besitzt auch einen Pool. Die Zimmer sind alle mit wunderschönen Antiquitäten individuell und geschmackvoll eingerichtet. Leckeres Frühstück vom Büfett. *12 Zi., 1 Familiensuite | 12 Dirkie Uys Street | Tel. 02 18 76 21 12 | www.lafontainefranschhoek.co.za | €*

AUSKUNFT

FRANSCHHOEK VALLÉE TOURISM BUREAU

62 Huguenot Road | Tel. 02 18 76 28 61 | www.franschhoek.org.za

ZIEL IN DER UMGEBUNG

BOSCHENDAL (140 B5) (*U17*)

Eine der ältesten und schönsten Weinfarmen Südafrikas, ca. 20 km von Franschhoek: Der Weinkeller, erbaut im kapholländischen Stil, stammt aus dem Jahr 1685, in einem der ehemaligen Herrenhäuser ist das Restaurant *The Werf* (*tgl. 12–14.30 und Mo–Sa 18–21 Uhr | Tel. 02 18 70 42 06 | €€€*) untergebracht, und im INSIDER TIPP *Tasting Room* kann man den Blanc de Noir probieren, für den das Weingut bekannt ist. *Pniel Road | Groot Drakenstein | Tel. 02 18 70 42 00 | www.boschendal.com*

PAARL

(140 B5) (*U17*) **Der Ort am Berg River ist benannt nach dem Peerlbergh, einem 700 m hohen Granitfelsen, der nach Regenfällen in der Sonne glänzt wie eine Perle.**

MARCO POLO HIGHLIGHTS

⭐ **Franschhoek Pass**
Atemberaubende Aussicht über die Wine Lands → S. 112

⭐ **Reuben's**
Hier kocht einer der Stars der südafrikanischen Küchenszene
→ S. 113

⭐ **KWV**
Die beste Weinkellertour endet mit ausgezeichnetem Brandy
→ S. 114

⭐ **Vergelegen**
Auf diesem Vorzeige-Weingut werden Staatsgäste empfangen
→ S. 117

PAARL

In Paarl (88 000 Ew.) stehen viele Häuser und Kirchen im viktorianischen Stil, meist an der Main Street. Außerdem ist hier die weltgrößte Weingenossenschaft KWV (Kooperatieve Wijnbouwers Vereniging) zu Hause. Die Stadt hat auch historische Bedeutung: Paarl gilt als die Heimat der Kreolsprache Afrikaans (die erste Tageszeitung in Afrikaans, „Die Afrikaanse Patriot", wurde 1875 hier gedruckt), und Nelson Mandela verbrachte hier seine letzten Jahre im Arrest.

SEHENSWERTES

PAARL MOUNTAIN NATURE RESERVE
Der Nationalpark erstreckt sich rund um das Wahrzeichen der Stadt: Im Zentrum steht der 500 Mio. Jahre alte Granitfelsen, den nur geübte Kletterer besteigen können. Alle anderen können im Park wandern. *Okt.–März tgl. 7–19, April–Sept. 7–18 Uhr | Eintritt Sa/So 23 Rand pro Auto, 6 Rand pro Person, Mo–Fr Eintritt frei | Tel. 02 18 72 36 58*

WEINGÜTER

FAIRVIEW
Die Farm ist berühmt für den vorzüglichen Käse aus Schafs-, Kuh- und Ziegenmilch. Stellen Sie sich im angegliederten Café für ein paar Rand eine INSIDER TIPP köstliche Käseplatte Ihrer Wahl zusammen! *Mo–Fr 8.30–17, Sa 8.30–16, So 9.30–16 Uhr | Suid Agter Paarl Road | Suiderpaarl | Tel. 02 18 63 24 50*

KWV ★
Die Touren der 1918 gegründeten Kooperatieve Wijnbouwers Vereniging beginnen mit einem Infofilm zur Weinproduktion. Dann wird man durch die riesigen Hallen des seit 1997 privatwirtschaftlich geführten Gutes geführt und kostet sich schließlich durch die hervorragenden Weine und Brandys der Genossenschaft. *Führungen Mo–Sa 10, 10.15 (in Dt.) und 10.30, So 11 Uhr | 30 Rand | Kohler Street | Tel. 02 18 07 30 07*

ÜBERNACHTEN

PONTAC MANOR
Das Hotel liegt auf einer ehemaligen Weinfarm und ist untergebracht in einem der ältesten Farmhäuser Paarls. *23 Zi. | 16 Zion Street | Tel. 02 18 72 04 45 | www.pontac.com | €€*

AUSKUNFT

PAARL TOURISM BUREAU
216 Main Street | Tel. 02 18 72 48 42 | www.tourismpaarl.co.za

---

LOW BUDG€T

Günstig, aber gut: *Banghoek Place* **(140 B5–6)** (*U17–18*) *(3 Schlafsäle, 13 Zi. | 193 Banghoek Road | Tel. 02 18 87 00 48 | www.banghoek.co.za)* ist ein elegantes Backpacker-Hostel in Stellenbosch mit Pool im Garten und tollem Blick auf den Simonsberg. Und auch zum Strand ist es nicht weit, die Fahrt dauert ca. 20 Min.

Jeden Freitag spielt eine Jazzcombo im Garten der *Vineyard Brasserie* **(140 B5)** (*U17*) *(Fr 17.30–20.30 Uhr | 13 Daniel Hugo Street | Tel. 02 18 76 34 20)* in Franschhoek. Dazu werden Brot und Käse serviert. Beides genießt man mit Blick auf die Boeland-Berge. Im Eintrittspreis von 120 Rand (ca. 8 Euro) ist auch eine Flasche Wein inbegriffen.

WINE LANDS

Edle Tropfen lagern im Keller der Weingenossenschaft KWV in Paarl

ZIEL IN DER UMGEBUNG

DIEMERSFONTEIN (140 B5) (*U17*)
Die Weinfarm im benachbarten Wellington, etwa 15 km von Paarl, bietet Reittouren an, bei denen man von Farm zu Farm oder von Weinprobe zu Weinprobe reitet. *180 Rand/Std. | an der R 301 zwischen Wellington und Paarl | Reservierung unter Tel. 02 18 64 50 50*

STELLEN-BOSCH

 KARTE IM HINTEREN UMSCHLAG
(140 B5–6) (*U17–18*) Stellenbosch ist das Herz der Wine Lands: Um den wunderschönen, historischen Stadtkern verlaufen Alleen, die von 300 Jahre alten Eichen gesäumt sind.
Daher hat Stellenbosch (80 000 Ew.) seinen Afrikaans-Spitznamen: Eikestad. Über 100 Gebäude der kapholländischen Architektur aus dem 18. und 19. Jh. stehen unter Denkmalschutz. Benannt ist das Städtchen nach Simon van der Stel, der Stellenbosch 1679 als Siedlung am Eerste-Fluss gründete.

SEHENSWERTES

DIE BRAAK
Der Platz im Zentrum war früher der Paradeplatz. Um ihn herum liegen viele historische Gebäude der VOC. Spazieren Sie durch die angrenzenden Sträßchen Church, Dorp und Ryneveld Street mit Galerien, Cafés und Boutiquen. Hier liegt u. a. auch die *Old Lutheran Church* aus dem Jahr 1851: Die im neogotischen Stil erbaute Kirche beherbergt heute die Kunstgalerie der Universität.

INSIDER TIPP ▶ JONKERSHOEK NATURE RESERVE
Wunderschöne Wanderstrecken führen durch dieses abgeschiedene Tal am Ortsrand, in dem sich Wasserfälle und malerische Bergseen verstecken. *Tgl. 8–18 Uhr | Eintritt 40 Rand | Jonkershoek Road*

STELLENBOSCH

VILLAGE MUSEUM
In den vier restaurierten Häusern ist der Wohnstil verschiedener Epochen nachgestellt. Mit dem 1709 errichteten *Schreuderhuis* steht hier das älteste Stadthaus Südafrikas. *Mo–Sa 9–17, So 10–16 Uhr | 18 Ryneveld St. | Tel. 02 18 87 29 48* können auf Ponys über die Farm reiten, während es sich die Eltern derweil bei einem Picknick unter Bäumen gemütlich machen. Auf der Bühne des Amphitheaters finden außerdem Konzerte und Theatervorführungen statt. Und das Restaurant 🟢 *Eight (Tel. 02 18 09 11 88 | €€€)*

Ausflug in die Vergangenheit: Village Museum in Stellenbosch

WEINGÜTER

ERNIE ELS WINES ●
Ein idyllisches Weingut hat Ex-Golfprofi Ernie Els aufgebaut. Für sein Anwesen mit Aussicht auf die Helderberge konnte er mit Louis Strydom einen der besten Winzer des Landes gewinnen. Die moderne Architektur gibt dem Gebäude eine wunderbar warme Atmosphäre. Die Probe von sieben Weinen kostet 40 Rand/Pers. *Annandale Road | Tel. 02 18 81 35 88 | www.ernieelswines.com*

SPIER
Das ist sozusagen die Vergnügungsfarm unter den Weingütern und deshalb vor allem für Familien gut geeignet: Kinder verwendet für seine leckeren Gerichte Biozutaten von örtlichen Farmen. Für Urlauber ohne Auto wichtig zu wissen: Es gibt eine direkte Zugverbindung von Kapstadt. *Tgl. 9–17 Uhr | an der R 310 | Tel. 02 18 09 11 00 | www.spier.co.za*

UITKYK
Für ein romantisches Picknick eignet sich kaum ein Ort besser: Mit Blick auf die Wälder und Wiesen des Gutes sitzt man vorm Herrenhaus, in dem gelegentlich der Hausgeist auf dem Klavier klimpern soll. Von ihm erzählen die Angestellten jedenfalls gern, während sie den Picknickkorb für Sie packen. *Mo–Fr 9–17, Sa/So 10–16 Uhr (Reservierung am Vortag) | an der R 44 | Tel. 02 18 84 44 16*

WINE LANDS

ESSEN & TRINKEN

TOKARA ✷
Hier hat das Auge erst Zeit mitzuessen, wenn es sich an der unfassbaren Aussicht auf die Wine Lands sattgesehen hat. Das Restaurant ist etwas für Freunde exotischer Delikatessen: Auf der Speisekarte stehen z. B. Muscheln mit Apfel und Banane. *Di–Sa 12–15 und ab 19 Uhr | Helshoogte Pass | Tel. 02 18 08 59 59 |* €€€

96 WINERY ROAD
Das Restaurant liegt etwas außerhalb auf der Zandberg-Farm. In bezaubernder Umgebung werden Delikatessen wie das Karoo-Lamm serviert. Und die Kellner beraten Sie gern, welcher Wein dazu am besten passt. *Tgl. 12–15 und Mo–Sa ab 19 Uhr | Zandberg-Farm | Winery Road | an der R 44 | Tel. 02 18 42 20 20 |* €€

ÜBERNACHTEN

LANZERAC MANOR
Auf dem 300 Jahre alten Weingut im bezaubernden Jonkershoek-Tal wohnt man im kapholländischen Stil. *48 Zi. | 1 Lanzerac Road | Tel. 02 18 87 11 32 | www.lanzerac.co.za |* €€€

AUSKUNFT

STELLENBOSCH TOURISM BUREAU
36 Market Street | Tel. 02 18 83 35 84 | www.stellenboschtourism.co.za

ZIEL IN DER UMGEBUNG

VERGELEGEN ★ (140 B6) (*U18*)
Wann immer hohe Staatsgäste in Kapstadt zu Gast sind und ein Weingut besuchen wollen (oder sollen): Sie kommen hierher. Das Anwesen liegt vor den Toren von Somerset West, ca. 15 km von Stellenbosch entfernt, und ist zum einen berauschend schön – mit einem idyllischen Rosengarten nach englischem Vorbild, mächtigen Bäumen und weiten Wiesenflächen – und zum anderen auch kulturell hochinteressant: So gibt es z. B. eine Bibliothek, deren rund 4500 Bände zum Teil noch aus dem 17. Jh. stammen. Verbringen Sie etwas Zeit unter den imposanten, schattenspendenden Eichen des Anwesens. Sie wurden im 18. Jh. gepflanzt und gehören zu den ältesten Bäumen Südafrikas. Weinproben und -verkäufe tgl. 9.30–16.30 Uhr. *Louresford Road | Somerset West | Tel. 02 18 47 13 34 | www.vergelegen.co.za*

ARREST IN PAARL

Die letzten Jahre seiner Haftzeit verbrachte Nelson Mandela nicht auf Robben Island, sondern in einem Haus auf dem Gelände des Groot-Drakenstein-Gefängnisses in Paarl. Das Gefängnis an der R 301 zwischen Paarl und Franschhoek hatte damals allerdings einen anderen Namen: Victor-Verster-Gefängnis. Die Apartheidsregierung wollte mit Mandelas Verlegung in das komfortable Anwesen ein Zeichen des guten Willens setzen. Mandela fand an der Architektur des Hauses, aus dem er am 11. Februar 1990 entlassen wurde, so großen Gefallen, dass er es in seiner Heimatstadt Qunu nachbauen ließ. Weil das Gefängnis um das Haus noch immer in Betrieb ist, gibt es keine Möglichkeit, die letzte Station Mandelas auf dem Weg in die Freiheit zu besichtigen.

EVENTS, FESTE & MEHR

Die Kapstädter sind so sportbegeistert wie vergnügungssüchtig: Im Januar feiern sie Straßenkarneval, im Spätsommer finden mehrere große Rad- und Laufrennen statt. Und zum Ende des Jahres stimmen sie sich unter blinkender Festtagsbeleuchtung bei einem Nacht-Weihnachtsmarkt auf die Feiertage ein, die sie traditionell am Strand verbringen.

FESTE & VERANSTALTUNGEN

JANUAR

★ **Minstrel Carnival:** Karneval an den ersten Tagen des neuen Jahres mit langer Tradition. Die Sklaven feierten ursprünglich am 2. Januar mit einem Umzug ihren freien Tag nach Neujahr. Heute ist es zum Brauch der *coloureds* geworden, die in einheitlich kostümierten Musikgruppen durch die Stadt ziehen.

INSIDER TIPP **J&B Met Pferderennen:** Gesellschaftlicher Großevent in Kenilworth. Die Pferde interessieren allerdings nur am Rande: Zehntausende führen ihre extravaganten Hüte und eleganten Anzüge spazieren, einige Gäste kommen verkleidet, und Jungdesigner tragen ihre Kreationen zur Schau – pompös, schräg und irgendwie sehr kapstädtisch. *www.jbmet.co.za*

MÄRZ

Cape Argus Cycle Tour: 109 km langes Radrennen, an dem nicht nur Profis teilnehmen – für viele Kapstädter eine gemütliche Radtour im großen Stil. *www.cycletour.co.za*

MÄRZ/APRIL

Two Oceans Marathon: Ultramarathon, der immer zu Ostern auf einer der weltweit schönsten Marathonstrecken über die ganze Halbinsel führt: 56 km über weite Strecken am Meer entlang. *www.twooceansmarathon.org.za*

APRIL

Cape Town International Jazz Festival: Berühmte Musiker aus der ganzen Welt verwandeln Kapstadt für ein Wochenende in ein Mekka des Jazz. Rund um das Festival gibt es Gratiskonzerte und Jazzworkshops. *www.capetownjazzfest.com*

MAI–OKTOBER

Walwanderung: Im südafrikanischen Winter bevölkern Wale die Küste, die aus der Antarktis zum Gebären kommen. Oft kommen sie so nah, dass man sie mit bloßem Auge beobachten kann. Es gibt zahlreiche Anbieter organisierter Whale-Watching-Touren.

Mit einem Karneval ins neue Jahr starten – die wichtigsten Events des Jahres in, um und vor Kapstadt finden Sie hier auf einen Blick

JULI

⭐ *Oyster Festival* in Knysna: Bis zu 200 000 Austern werden verspeist, u. a. bei Wettkämpfen wie dem Austernkochen oder -essen. Zusätzlich gibt es auch Unterhaltung für alle, die keine Austern mögen. www.oysterfestival.co.za

SEPTEMBER/OKTOBER

Cape Town International Comedy Festival: Auf mehreren Bühnen der Stadt sorgt die internationale Comedy-Elite für Lacher. www.comedyfestival.co.za

Oktoberbierfest: Die Frauen tragen Dirndl, die Männer Lederhosen, und es fließt viel – nein, sehr viel Bier. Gefeiert wird meist Ende September unter dem Namen *Oktoberbierfest* – was den Sinn dieses Festes präzisiert. Die Party dauert drei Tage, ist aber kaum weniger heftig als das Original www.oktoberbierfest.co.za. Wer es ruhiger und weniger kommerziell mag, dem sei das Oktoberfest der Deutschen Internationalen Schule empfohlen. Infos: www.dsk.co.za

DEZEMBER

Mother City Queer Project: Riesige Gayparty mit wechselndem Motto und phantastisch verkleideten Partyteams

Adderley Street Night Market: In den letzten Tagen vor Weihnachten stehen abends auf der Adderley Street keine Autos, sondern die Stände und Musikbühnen des Nachtmarkts.

FEIERTAGE

1. Jan.	Neujahr
21. März	Tag der Menschenrechte
März/April	Karfreitag, Ostern (So und Mo)
27. April	Tag der Freiheit
1. Mai	Internationaler Tag der Arbeit
24. Sept.	*Heritage Day*
16. Dez.	Tag der Versöhnung
25./26. Dez.	Weihnachten

LINKS, BLOGS, APPS & CO.

LINKS & BLOGS

www.marcopolo.de/kapstadt Alles auf einen Blick zu Ihrem Reiseziel: Interaktive Karten inklusive Planungsfunktion, Impressionen aus der Community, aktuelle News und Angebote …

www.kapstadtmagazin.de Eine der besten Szeneseiten der Stadt – und das angenehmerweise auch noch auf Deutsch

www.capetown.travel Eine der qualitativ besten Seiten im Netz, die über touristische Belange jeglicher Art in Kapstadt informiert

www.insiderei.com/region/kapstadt Online-Magazin mit Insidertipps der lokalen Prominenz

www.021magazine.co.za Jede Menge Szenetipps mit aktuellem Veranstaltungskalender

dailymaverick.co.za Renommierte Autoren schreiben täglich über die südafrikanische Gesellschaft

we-are-awesome.com/blog Was ist gerade angesagt? Welche Clubs, welche Designer, welche Musiker? Hier gibt es die Antworten

www.allevents.in/cape%20town Konzerte, Festival, Sport: Der mit Abstand umfangreichste Veranstaltungskalender für Kapstadt. Hier finden sich die aktuellen Insidertipps der Stadt

capetownblog.co.za Lifestyle-Blog über Kapstadt – und einige seiner interessantesten Bewohner

www.grootbos.com/en/blog Blog der *Grootbos Private Nature Reserve,* die zwei Std. von Kapstadt entfernt liegt. Die Lodge bietet 5-Sterne-Komfort und legt Wert auf Umweltschutz und verantwortlichen Tourismus. Der Blog berichtet über das Leben in einer der schönsten Gegenden am Kap

Egal, ob für Ihre Reisevorbereitung oder vor Ort: Diese Adressen bereichern Ihren Urlaub. Da manche sehr lang sind, führt Sie der short.travel-Code direkt auf die beschriebenen Websites. Falls bei der Eingabe der Codes eine Fehlermeldung erscheint, könnte das an Ihren Einstellungen zum anonymen Surfen liegen

www.facebook.com/bayharbour Impressionen vom Bay Harbour Market, einem der nettesten Märkte in Kapstadt

www.facebook.com/GermansinCapeTown Hier tauscht sich die erstaunlich große deutsche Gemeinschaft in Kapstadt aus. Informationen auch im Internet unter *www.germansincapetown.com*

VIDEOS & MUSIK

www.youtube.com/user/CapeTownTourism Die Kapstädter Tourismusbehörde stellt interessante, professionell gemachte Videos von Sehenswürdigkeiten und Veranstaltungen online

www.earthtv.com/de/kamerastandort/kapstadt-suedafrika Schon mal vor der Reise Lust, live in Kapstadt vorbeizuschauen? Und überhaupt, wie ist gerade das Wetter? Hier finden Sie Livestreams von verschiedenen Stellen der Stadt

short.travel/kap1 Sammlung von Scherzanrufen des in Südafrika sehr bekannten Radio-DJs Whackhead Simpson. Die Reaktionen zeigen eindrucksvoll, dass die Südafrikaner zu den emotionalsten Menschen der Welt gehören

APPS

Cape Town Walking Tours and Map Einige der besten Stadtspaziergänge werden hier übersichtlich erläutert. Die App funktioniert nach dem Download auch im Offline-Modus

Computicket Hier gibt es Tickets und Termine für Konzerte, Sportveranstaltungen und Theateraufführungen

Star Walk In Kapstadt sieht man die Sterne oft klar. Mithilfe dieser App, die Ihre Position genau festlegt, bekommen Sie Informationen zu den Sternbildern am Himmel

Afrikaans In Kapstadt finden Sie sich mit Englisch mühelos zurecht. Einige praktische Sätze auf Afrikaans lehrt die App *Afrikaans* von Benjamin Holfeld

Hope Kapstadt Informative App, in der die Arbeit des deutschen Pfarrers Stefan Hippler vorgestellt wird. Er engagiert sich seit Jahrzehnten im Kampf gegen Aids

PRAKTISCHE HINWEISE

ANREISE

Die meisten der großen Fluglinien wie LTU, Lufthansa und British Airways fliegen Kapstadt an. Die LTU beispielsweise fliegt direkt, die Flugzeit beträgt etwa 10,5 Stunden. Am günstigsten sind die Flüge im südafrikanischen Herbst zwischen April und Juni. In der Hochsaison zwischen Dezember und März steigen die Kosten leicht auf um die 1000 Euro. Flugzeuge landen auf dem Flughafen Lughawe, etwa 23 km vom Stadtzentrum. Um die Kapazität des Flughafens (speziell auch zur Fußball-WM) zu erhöhen, wurde 2009 der *Terminal 2010* eröffnet. Alle Mietwagenfirmen haben am Flughafen eine Niederlassung. Buchen Sie Ihren Leihwagen deshalb am besten so, dass er schon hier für Sie bereitsteht. Es fahren aber auch Shuttlebusse, z. B. *City Hopper (Tel. 02 19 36 34 60 | ab ca. 160 Rand)*. Fluginformationen: *Tel. 086 7 27 78 88 | 02 19 36 34 60 | www.airports.co.za*

AUSKUNFT VOR DER REISE

Die Seite des Tourismus-Centers *www.capetown.org* informiert über alle Aspekte Ihrer Reise, auf *www.come2capetown.com* finden Sie die beliebten Siebener-Listen: je sieben Empfehlungen zu aktuellen Themen. Wer sich lieber auf Deutsch einliest: *www.capetown-online.de*, *www.kapstadt.net* und *www.kapstadt.com*.

SOUTH AFRICAN TOURISM
– *Deutschland (Friedensstr. 6 | 60311 Frankfurt am Main | kostenfreie Tel. 0800 1 18 91 18 | www.southafrica.net)*
– *Servicetel. in Österreich (0820 50 07 39)*
– *Servicetel. in der Schweiz (0848 66 35 22)*

GRÜN & FAIR REISEN

Auf Reisen können auch Sie viel bewirken. Behalten Sie nicht nur die CO_2-Bilanz für Hin- und Rückreise im Hinterkopf *(www.atmosfair.de; de.myclimate.org)* – etwa indem Sie Ihre Route umweltgerecht planen *(www.routerank.com)* –, sondern achten Sie auch Natur und Kultur im Reiseland *(www.gate-tourismus.de; www.ecotrans.de)*. Gerade als Tourist ist es wichtig, auf Aspekte wie Naturschutz *(www.nabu.de; www.wwf.de)*, regionale Produkte, wenig Autofahren, Wassersparen und vieles mehr zu achten. Wenn Sie mehr über ökologischen Tourismus erfahren wollen: europaweit *www.oete.de*; weltweit *www.germanwatch.org*

AUSKUNFT VOR ORT

Die Touristeninformationen leisten sehr gute Hilfestellung bei der Buchung von Ausflügen, Sportangeboten und Abendveranstaltungen:
– *City Centre* (137 D4) (*G4*) *| Mo–Fr 8–18, Sa 8.30–14, So 9–13 Uhr | Castle Street/Ecke Burg Street | Central | Tel. 02 14 87 68 00*
– *V & A Waterfront* (137 E1) (*G2*) *| Clock Tower | tgl. 9–21 Uhr | Tel. 02 14 08 76 00*
– *Deutsche Touristeninformation* (137 D4) (*G4*) *| Mo–Fr 9–18, Sa 9–13 Uhr | 35 Buitengracht Street | Central | Tel. 02 14 87 68 00*

Von Anreise bis Zoll

Urlaub von Anfang bis Ende: die wichtigsten Adressen und Informationen für Ihre Kapstadt-Reise

AUTO

PARKEN

In der Innenstadt sind tagsüber offizielle Park-Marshalls in blauer Uniform unterwegs. Bei Ihnen bezahlen Sie im Voraus (7 Rand/Std.). Sollten Sie später zu Ihrem Wagen zurückkehren, zahlen Sie einfach nach. Keine Strafzettel, kein Abschleppen. Abends und außerhalb der Innenstadt wird meist jemand auf Sie zukommen und Ihnen ein Zeichen geben, dass er auf Ihr Auto aufpasst. Die meisten *Park Guards* tragen eine neongelbe Weste, arbeiten in eigenem Auftrag und haben keine Befugnis, Ihnen Geld abzuverlangen. Da aber die Straßen durch sie sicherer geworden sind, wird ihre Arbeit von vielen mit 4 bis 5 Rand honoriert.

VERKEHR

In Südafrika wird links gefahren. Es gelten Tempolimits: 120 km/h auf Autobahnen, 80 km/h auf Landstraßen, 60 km/h in der Stadt. Auf den Stadtautobahnen in und um Kapstadt sollten Sie vorsichtig fahren, denn an den Grundsatz, nur rechts zu überholen, hält sich kaum jemand. Außerdem müssen Sie die Fahrbahn häufig mit Radfahrern und Fußgängern teilen. Benzin kann man meist nur mit Bargeld bezahlen.

Tel. Notruf: Polizei 10111, Krankenwagen 10177 – vom dt. Handy: 112

DIPLOMATISCHE VERTRETUNGEN

DEUTSCHES GENERALKONSULAT
Mo–Fr 9–12 Uhr | Safmarine House | 19th Floor | 22 Riebeeck Street | Tel. 02 14 05 30 00

ÖSTERREICHISCHES HONORAR-GENERALKONSULAT KAPSTADT
Mo, Mi 9–11.30 Uhr | Protea Hotel Sea Point | Arthur's Road | Sea Point | Tel. 02 14 30 51 33

SCHWEIZER GENERALKONSULAT
Mo–Fr 9–12 Uhr | BP Center | Long Street | Tel. 02 14 18 36 65

WAS KOSTET WIE VIEL?

Seilbahn	18 Euro *auf den Tafelberg hin und zurück*
Kaffee	1,60 Euro *für eine Tasse im Café*
Wein	2 Euro *für ein Glas*
Biltong	3,20 Euro *für eine Tüte auf die Hand*
Kino	6 Euro *für eine Karte*
Holzgiraffe	30–75 Euro *je nach Größe*

GELD & BANKEN

Am sichersten ist es, Bargeld mit EC-Karte an Bankautomaten in Shopping-Malls oder an Tankstellen abzuheben. Hier achtet Sicherheits- bzw. Tankstellenpersonal darauf, dass Sie ungestört die ATM *(Automatic Teller Machine)* nutzen können. Lassen Sie sich nicht von Fremden helfen, heben Sie nie Geld an entlegenen Automaten ab. Zahlen Sie so viel wie möglich mit Kreditkarte. So gut wie alle Restaurants und Hotels akzeptieren die gängigen Karten. Travellerschecks werden von allen Banken eingelöst. Wenn Sie Ihre Karte verloren haben, helfen die Banken bei der Bestellung der Ersatzkarte. Die Banken in der Innenstadt schließen werktags schon um 15, Sa um 11 Uhr. Bei Kreditkartenverlust am besten sofort den allgemeinen Sperrnotruf (rund um die Uhr erreichbar) wählen: *Tel. +49 11 61 16*.

GESUNDHEIT

Für Kapstadt und Umgebung benötigen Sie keine Schutzimpfung. Malariarisiko besteht nur im Norden Südafrikas. Die medizinische Versorgung ist gut; es gibt Apotheken, Ärzte und Krankenhäuser. Im Notfall: *Mediclinic (21 Hof Street | Oranjezicht | Tel. 021 46 45 55 55)*. Die Rechnung müssen Sie bar begleichen, deshalb empfiehlt sich eine Auslandskrankenversicherung. Das Kapstädter Leitungswasser können Sie trinken.

INTERNET & WLAN

Bei den meisten Guesthouses und Hotels ist Internet im Preis inbegriffen, auch Cafés bieten oft einen kostenlosen Wireless-Service an. Da Internet in Südafrika allerdings noch immer sehr teuer ist, sollten Sie den Kellner danach fragen, nicht jedes Restaurant wirbt mit diesem Service. Bei längeren Reisen empfiehlt es sich, eine südafrikanische Sim-Karte für Ihr Smartphone zu kaufen (1 Euro Standard-Sim, 8 Euro Mikro-Sim). So können Sie preiswert und unterwegs surfen.

KLIMA & REISEZEIT

Die Jahreszeiten sind in Südafrika denen in Europa entgegengesetzt. Die wärmsten Monate am Kap sind mit durchschnittlich 25° C am Tag Dezember bis März. Dank des Atlantiks ist das Klima mediterran und meist sehr angenehm. Beliebteste Reisezeit ist die Spanne von September bis April. Regen fällt am Kap hauptsächlich in den hiesigen Wintermonaten.

MIETFAHRZEUGE

Weil ein umfassendes öffentliches Nahverkehrssystem in Kapstadt nicht existiert, ist ein Mietwagen eine dringende Empfehlung. Sie benötigen dafür einen internationalen Führerschein. Das Mindestalter ist 23, viele Autovermietungen bestehen darauf, dass man den Führerschein schon mehr als zwei Jahre besitzt. Die großen Vermieter: *Avis (Tel. 0861 11 37 48 | www.avis.co.za)*, *Budget (Tel. 011 3 98 01 23 | www.budget.co.za)*, *Europcar (Tel. 0861 13 10 00 | www.europcar.co.za)* und *Hertz (Tel. 0861 60 01 36 | www.hertz.co.za)*. Preiswerter sind die Tarife, wenn Sie bei INSIDER TIPP *Panorama Tours (Tel. 02 14 26 16 34 | www.panoramatours.co.za)* einen Wagen buchen: Die Agentur kauft Kontingente der großen Vermieter und verkauft sie günstig weiter. In Kapstadt gibt es lokale Vermieter wie *Around about Cars (ab 250 Rand/Tag | 20 Bloem Street | Tel. 021 422 40 22 | www.aroundaboutcars.com)* und Unternehmen, die sich auf Motorroller oder Oldtimer spezialisiert haben: Bei *Cape Town Scooters (ab 200 Rand/Tag | Tel. 08 25 72 37 09 | www.capetownscooter.co.za)* gibt es Vespas Zustand zu günstigen Preisen. Die Vespas werden vor die Haustür geliefert. Bei *Motor Classic (1 Waterloo Street | auf der Rückseite des Ferrari-Gebäudes, Roeland Street | Vredehoek | Tel. 021 461 73 68 | www.motorclassic.co.za)* seht eine Flotte alter Autos bereit – vom 68er-Jaguar bis zu einem Porsche Carrera Cabrio von 1984.

PRAKTISCHE HINWEISE

ÖFFENTLICHER NAHVERKEHR

Unerschrockene arbeiten sich in das Kleinbussystem der Stadt ein (siehe S. 23, „Minibustaxi"). Besser sind aber die roten *Explorer*-Busse geeignet, die im 15-min. Abstand zwei Routen abfahren und nach dem Hop-on-Hop-off-Prinzip funktionieren. Man zahlt 140 Rand für einen Tag und lässt sich an verschiedenen Punkten Kapstadts absetzen. Die Rote Tour konzentriert sich auf die Innenstadt, die Blaue Tour auf die Küste und Constantia, wo man auch in einen Bus umsteigen kann, der zu Weingütern fährt. Das Dach des Doppeldeckerbusses ist offen, Erklärungen gibt es in 16 Sprachen. Buchen Sie direkt im Bus oder unter *www.citysightseeing.co.za*.

ÖFFNUNGSZEITEN

Die Geschäfte in der Innenstadt schließen unter der Woche schon um 17 Uhr, samstags am frühen Nachmittag. Bis 21 Uhr haben die Läden der Shopping Malls geöffnet, z. B. an der V & A Waterfront. Die meisten Supermärkte schließen zwischen 20 und 21 Uhr. Für einen späten Einkauf schaut man am besten bei *Friendly* vorbei (7–23 Uhr). Sonntags sind nur die Läden der Shopping-Malls geöffnet und die Supermärkte. Die dürfen dann allerdings keinen Alkohol verkaufen. Vor den Regalen sind die Gitterrollos heruntergezogen.

POST

Öffnungszeiten der Postämter: Mo–Fr 8.30–17 und Sa 8–12 Uhr. Porto nach Europa: Postkarten 4,60, Briefe 5,40 Rand. Teuer ist das Verschicken von Paketen, außerdem brauchen diese oft Wochen. Beim Verschiffen von Weinkisten oder sperriger Handwerkskunst sind Ihnen die Weingüter bzw. der Fachhandel gerne behilflich.

PREISE & WÄHRUNG

Die südafrikanische Währung ist der Rand (ZAR); 1 Rand = 100 Cent. Im Umlauf sind Münzen zu 1, 2, 5, 10, 20, 50 Cent und zu 1, 2 und 5 Rand sowie Banknoten zu 10, 20, 50, 100 und 200 Rand. Der Rand steht in einem günstigen Wechselkurs zum Euro; das Preisniveau liegt deshalb unter dem deutschen. Die Währung ist stabil.

WÄHRUNGSRECHNER

€	ZAR	ZAR	€
1	17,26	10	0,58
2	34,52	20	1,16
3	51,78	30	1,74
5	86,30	50	2,90
7	120,82	70	4,06
10	172,60	90	5,22
25	431,50	250	14,50
75	1294,50	750	43,50
100	1726,00	1500	87,00

PRESSE

Mit der „Cape Times" und dem „Cape Argus" gibt es zwei Tageszeitungen. Über das Leben in der Stadt informiert die freitags erscheinende „Mail & Guardian", in der gute Tipps für Restaurants, Bars und Partys zu finden sind. Halten Sie Ausschau nach „Cape unplugged", einem monatlichen Gratisheft, mit guten Tipps zur Stadt und ihrer Umgebung jenseits des Mainstreams. Das Magazin liegt in Bars, Backpackern und bei Autovermietungen aus. In der Gratiszeitung „The next 48 hours", die unter anderem im Visitor's Center der Touristeninformation ausliegt, stehen die besten Ausgeh- und Kulturtips für die nächsten Tage.

STROM

Die Netzspannung beträgt 220 Volt. Um Ihre Geräte verwenden zu können, brauchen Sie allerdings einen Adapter, den Sie entweder an der Hotelrezeption oder im Supermarkt bekommen.

TAXI

Unter dem Begriff *Taxi* werden in Kapstadt die Minibus-Taxis verstanden: Das sind voll gestopfte Kleinbusse, die vor allem zwischen den Townships und der Stadt hin und her pendeln (s. auch Kapitel „Fakten, Menschen & News"). Wer ein reguläres Taxi für sich allein möchte, sollte nach einem *Metered Taxi* fragen.

Neben den regulären Taxis, die Sie an Taxiständen finden oder telefonisch rufen können – z. B. *Excite* (Tel. 021 4 48 44 44) oder *Unicab* (Tel. 021 4 48 17 20) –, gibt es die sogenannten *Rikki-Taxis* (Tel. 086 174 55 47), die auf ihren Touren durch die zentralen Stadtteile hauptsächlich Touristen einsammeln und wieder absetzen. An zentralen Punkten in der Stadt gibt es inzwischen sogar kostenlose Rikki-Telefone, mit denen Sie einen Wagen rufen können. Der Taxidienst *Uber* ist in Südafrika anders als in Deutschland uneingeschränkt erlaubt. Laden Sie sich die App runter, Sie sparen Geld und reisen sicherer als in den örtlichen Taxis.

TELEFON & HANDY

Meist haben Sie mit Ihrem deutschen Handy über einen südafrikanischen Roa-

WETTER IN KAPSTADT

	Jan.	Feb.	März	April	Mai	Juni	Juli	Aug.	Sept.	Okt.	Nov.	Dez.
Tagestemperaturen in °C	27	27	26	23	20	18	18	18	19	21	24	25
Nachttemperaturen in °C	17	17	16	13	11	9	9	9	11	12	14	16
Sonnenschein Stunden/Tag	11	11	10	8	7	6	6	7	8	9	10	11
Niederschlag Tage/Monat	3	2	3	6	9	9	10	9	7	5	4	3
Wassertemperaturen in °C	18	19	19	18	17	16	15	14	15	16	17	18

PRAKTISCHE HINWEISE

mingpartner Empfang. Sie können aber auch eine südafrikanische Prepaidkarte einsetzen, die Sie bei Anbietern in der Stadt oder am Flughafen bekommen. Einige deutsche Prepaidhandys müssen für diesen Gebrauch jedoch vorher entsperrt werden. Am Flughafen und bei den meisten Autovermietungen können Sie auch ein Leihgerät bekommen. *Airtime* (neues Guthaben) bekommen Sie in Supermärkten, Shopping-Malls oder an Tankstellen. Vorwahl nach Deutschland: 0049, nach Österreich: 0043, in die Schweiz: 0041; Vorwahl nach Südafrika aus dem Ausland: 0027. Eine Vorwahl für Kapstadt gibt es nicht mehr, die 021 muss auch bei Ortsgesprächen mitgewählt werden. Bei Anrufen aus dem Ausland müssen Sie nur die Null weglassen.

TRINKGELD

10 bis 15 Prozent der Gesamtsumme sind in Restaurants und Bars üblich.

UMSATZSTEUER

Südafrika erhebt 14 Prozent Umsatzsteuer (VAT). Die bekommen Sie zurück, allerdings ist das recht aufwändig. Planen Sie mindestens eine Stunde zusätzliche Zeit vor Ihrem Abflug ein. Sie müssen die Belege von dem, was Sie ausführen, vorweisen. Am Flughafen gibt's einen Schalter, an dem Sie ein Formular ausfüllen und wo Sie die entsprechenden Waren vorlegen müssen. Das Geld bekommen Sie in Rand ausbezahlt. Am schnellsten geht die Abfertigung, wenn Sie die nötigen Formulare schon vorher im *Visitor Information Centre (Mo–Sa 9–17.30, So 10–17.30 Uhr | im Clock Tower der V & A Waterfront)* oder im *Cape Town Tourism Visitor Information Centre* im Stadtzentrum ausfüllen und mit zum Flughafen nehmen.

WELLNESS

Die meisten Luxushotels bieten Wellness-Programme, die man auch buchen kann, ohne Gast zu sein, z. B. das *Suntra Spa (15 on Orange Hotel | www.suntra.co.za)* oder das *Librisa-Spa (www.mountnelson.co.za)* des Mount Nelson Hotels.

LONG STREET BATHS ●
(137 D5) (*F–G5*)
Gebaut wurden die Thermen 1908, der Charme dieser Zeit ist erhalten, dafür aber wurde die Technik immer wieder modernisiert. *Tgl. 7–19 Uhr | Long Street | Central | Tel. 02 14 00 33 02*

MEDI-SPA ● (136 C6) (*F5–6*)
In den Floating-Tanks des Medi-Spa können Sie schweben, bis sich Ihr Körper regeneriert hat. Dem Wasser ist Salz aus dem Toten Meer beigemischt, und so treiben Sie scheinbar schwerelos. Die Entspannung können Sie mit Ayurveda-Behandlungen oder Massagen vervollkommnen. *Mo–Fr 8.30–17.30, Sa 9–17.30 Uhr | 250 Rand/Std. | 99 Kloof Street | Central | Tel. 02 14 22 51 40*

ZEIT

Während der europäischen Sommerzeit herrscht Zeitgleichheit. Im europäischen Winter ist die MEZ eine Stunde zurück.

ZOLL

Sie dürfen 1 l Spirituosen, 400 Zigaretten und Waren im Wert von 200 Rand zollfrei nach Südafrika einführen. Die Ausfuhr von geschützten Pflanzen und Tieren ist verboten. Bei der Rückkehr in die EU sind zollfrei: 200 Zigaretten, 1 l Spirituosen, 2 l Wein und Waren im Gesamtwert von 430 Euro. Info: *www.zoll.de*

SPRACHFÜHRER ENGLISCH

AUSSPRACHE

Zur Erleichterung der Aussprache sind alle englischen Wörter mit einer einfachen Aussprache (in eckigen Klammern) versehen. Folgende Zeichen sind Sonderzeichen:

- θ hartes [s] (gesprochen mit Zungenspitze an der oberen Zahnreihe, zischend)
- D weiches [s] (gesprochen mit Zungenspitze an der oberen Zahnreihe, summend)
- ' nachfolgende Silbe wird betont
- ə angedeutetes [e] (wie in „Bitte")

AUF EINEN BLICK

ja/nein/vielleicht	yes [jäs]/no [nəu]/maybe [mäibi]
bitte/danke	please [plihs]/thank you [θänkju]
Entschuldige!	Sorry! [Sori]
Entschuldigen Sie!	Excuse me! [Iks'kjuhs mi]
Darf ich …?	May I …? [mäi ai …?]
Wie bitte?	Pardon? ['pahdn?]
Ich möchte …/Haben Sie …?	I would like to …[ai wudd 'laik tə …]/ Have you got …? ['Həw ju got …?]
Wie viel kostet …?	How much is …? ['hau matsch is …]
Das gefällt mir (nicht).	I (don't) like this. [Ai (daunt) laik Dis]
gut/schlecht	good [gud]/bad [bäd]
offen/geschlossen	open ['oupän]/closed ['klousd]
kaputt/funktioniert nicht	broken ['brəukən]/doesn't work ['dasənd wörk]
Hilfe!/Achtung!/Vorsicht!	Help! [hälp]/Attention! [ə'tänschən]/Caution! ['koschən]

BEGRÜSSUNG & ABSCHIED

Guten Morgen!/Tag!	Good morning! [gud 'mohning]/ afternoon! [aftə'nuhn]
Gute(n) Abend!/Nacht!	Good evening! [gud 'ihwning]/night! [nait]
Hallo!/Auf Wiedersehen!	Hello! [hə'ləu]/Goodbye! [gud'bai]
Tschüss!	Bye! [bai]
Ich heiße …	My name is … [mai näim is …]
Wie heißen Sie/heißt Du?	What's your name? [wots jur näim?]
Ich komme aus …	I'm from … [Aim from …]

Do you speak English?

„Sprichst du Englisch?" Dieser Sprachführer hilft Ihnen, die wichtigsten Wörter und Sätze auf Englisch zu sagen

DATUMS- & ZEITANGABEN

Montag/Dienstag	monday ['mandäi]/tuesday ['tjuhsdäi]
Mittwoch/Donnerstag	wednesday ['wänsdäi]/thursday ['θöhsdäi]
Freitag/Samstag	friday ['fraidäi]/saturday ['sätərdäi]
Sonntag/Werktag	sunday ['sandäi]/weekday ['wihkdäi]
Feiertag	holiday ['holidäi]
heute/morgen/gestern	today [tə'däi]/tomorrow [tə'moreu]/yesterday ['jästədäi]
Stunde/Minute	hour ['auər]/minutes ['minəts]
Tag/Nacht/Woche	day [däi]/night [nait]/week [wihk]
Monat/Jahr	month [manθ]/year [jiər]
Wie viel Uhr ist es?	What time is it? [wot 'taim is it?]
Es ist drei Uhr.	It's three o'clock. [its θrih əklok]

UNTERWEGS

links/rechts	left [läft]/right [rait]
geradeaus/zurück	straight ahead [streit ə'hät]/back [bäk]
nah/weit	near [niə]/far [fahr]
Eingang/Einfahrt	entrance ['äntrənts]/driveway ['draifwäi]
Ausgang/Ausfahrt	exit [ägsit]/exit [ägsit]
Abfahrt/Abflug/Ankunft	departure [dih'pahtschə]/departure [dih'pahtschə]/arrival [ə'raiwəl]
Darf ich Sie fotografieren?	May I take a picture of you? [mäi ai täik ə 'piktscha of ju?]
Wo ist ...?/Wo sind ...?	Where is ...? ['weə is...?]/Where are ...? ['weə ahr ...?]
Toiletten/Damen/Herren	toilets ['toilət] (auch: restrooms [restruhms])/ladies ['läidihs]/gentlemen ['dschäntlmən]
Bus/Straßenbahn	bus [bas]/tram [träm]
U-Bahn/Taxi	underground ['andəgraunt]/taxi ['tägsi]
Parkplatz/Parkhaus	parking place ['pahking pläis]/car park ['kahr pahk]
Stadtplan/(Land-)Karte	street map [striht mäp]/map [mäp]
Bahnhof/Hafen	(train) station [(träin) stäischən]/harbour [hahbə]
Flughafen	airport ['eəpohrt]
Fahrplan/Fahrschein	schedule ['skädjuhl]/ticket ['tikət]
Zug/Gleis	train [träin]/track [träk]
einfach/hin und zurück	single ['singəl]/return [ri'törn]
Ich möchte ... mieten.	I would like to rent ... [Ai wud laik tə ränt ...]
ein Auto/ein Fahrrad	a car [ə kahr]/a bicycle [ə 'baisikl]
Tankstelle	petrol station ['pätrol stäischən]
Benzin/Diesel	petrol ['pätrəl]/diesel ['dihsəl]
Panne/Werkstatt	breakdown [bräikdaun]/garage ['gärasch]

ESSEN & TRINKEN

Reservieren Sie uns bitte für heute Abend einen Tisch für vier Personen.	Could you please book a table for tonight for four? [kudd juh 'plihs buck ə 'täibəl for tunait for fohr?]
Die Speisekarte, bitte.	The menue, please. [Də 'mänjuh plihs]
Könnte ich bitte ... haben?	May I have ...? [mäi ai häw ...?]
Messer/Gabel/Löffel	knife [naif]/fork [fohrk]/spoon [spuhn]
Salz/Pfeffer/Zucker	salt [sohlt]/pepper ['päppə]/sugar ['schuggə]
Essig/Öl	vinegar ['vinigə]/oil [oil]
Milch/Sahne/Zitrone	milk [milk]/cream [krihm]/lemon ['lämən]
mit/ohne Eis/Kohlensäure	with [wiD]/without ice [wiD'aut ais]/gas [gäs]
Vegetarier(in)/Allergie	vegetarian [wätschə'täriən]/allergy ['ällədschi]
Ich möchte zahlen, bitte.	May I have the bill, please? [mäi ai häw De bill plihs]
Rechnung/Quittung	invoice ['inwois]/receipt [ri'ssiht]

EINKAUFEN

Wo finde ich ...?	Where can I find ...? [weə kän ai faind ...?]
Ich möchte .../Ich suche ...	I would like to ... [ai wudd laik tu]/I'm looking for ... [aim luckin foə]
Brennen Sie Fotos auf CD?	Do you burn photos on CD? [Du ju börn 'fəutəus on cidi?]
Apotheke/Drogerie	pharmacy ['farməssi]/chemist ['kemist]
Bäckerei/Markt	bakery ['bäikəri]/market ['mahkit]
Lebensmittelgeschäft	grocery ['grəuscheri]
Supermarkt	supermarket ['sjupəmahkət]
100 Gramm/1 Kilo	100 gram [won 'handrəd gräm]/1 kilo [won kiləu]
teuer/billig/Preis	expensive [iks'pänsif]/cheap [tschihp]/price [prais]
mehr/weniger	more [mor]/less [läss]
aus biologischem Anbau	organic [or'gännik]

ÜBERNACHTEN

Ich habe ein Zimmer reserviert.	I have booked a room. [ai häw buckt ə ruhm]
Haben Sie noch ...?	Do you have any ... left? [du ju häf änni ... läft?]
Einzelzimmer	single room ['singəl ruhm]
Doppelzimmer	double room ['dabbəl ruhm] (Bei zwei Einzelbetten: twin room ['twinn ruhm])
Frühstück/Halbpension	breakfast ['bräckfəst]/half-board ['hahf boəd]
Vollpension	full-board [full boəd]
Dusche/Bad	shower ['schauər]/bath [bahθ]
Balkon/Terrasse	balcony ['bälkəni]/terrace ['tärräs]
Schlüssel/Zimmerkarte	key [ki]/room card ['ruhm kahd]
Gepäck/Koffer/Tasche	luggage ['laggətsch]/suitcase ['sjutkäis]/bag [bäg]

SPRACHFÜHRER

BANKEN & GELD

Bank/Geldautomat	bank [bänk]/ATM [äi ti äm]/cash machine ['käschməschin]
Geheimzahl	pin [pin]
Ich möchte ... Euro wechseln.	I'd like to change ... Euro. [aid laik tu tschäindsch ... iuhro]
bar/ec-Karte/Kreditkarte	cash [käsch]/ATM card [äi ti äm kahrd]/credit card [krädit kahrd]
Banknote/Münze	note [nout]/coin [koin]
Wechselgeld	change [tschäindsch]

TELEKOMMUNIKATION & MEDIEN

Ich suche eine Prepaidkarte.	I'm looking for a prepaid card. [aim 'lucking fohr ə 'pripäid kahd]
Wo finde ich einen Internetzugang?	Where can I find internet access? [wär känn ai faind 'internet 'äkzäss?]
Brauche ich eine spezielle Vorwahl?	Do I need a special area code? [du ai nihd ə 'späschəl 'äria koud?]
Computer/Batterie/Akku	computer [komp'jutə]/battery ['bättəri]/rechargeable battery [ri'tschahdschəbəl 'bättəri]
At-Zeichen („Klammeraffe")	at symbol [ät 'simbəl]
Internetanschluss/WLAN	internet connection ['internet kə'näktschən]/Wifi [waifai] (auch: Wireless LAN ['waarläss lan])
E-Mail/Datei/ausdrucken	email ['imäil]/file [fail]/print [print]

ZAHLEN

0	zero ['sirou]	18	eighteen [äi'tihn]
1	one [wan]	19	nineteen [nain'tihn]
2	two [tuh]	20	twenty ['twänti]
3	three [θri]	21	twenty-one ['twänti 'wan]
4	four [fohr]	30	thirty [θör'ti]
5	five [faiw]	40	fourty [fohr'ti]
6	six [siks]	50	fifty [fif'ti]
7	seven ['säwən]	60	sixty [siks'ti]
8	eight [äit]	70	seventy ['säwənti]
9	nine [nain]	80	eighty ['äiti]
10	ten [tän]	90	ninety ['nainti]
11	eleven [i'läwn]	100	(one) hundred [('wan) 'handrəd]
12	twelve [twälw]	200	two hundred ['tuh 'handrəd]
13	thirteen [θör'tihn]	1000	(one) thousand [('wan) θausənd]
14	fourteen [fohr'tihn]	2000	two thousand ['tuh θausənd]
15	fifteen [fif'tihn]	10000	ten thousand ['tän θausənd]
16	sixteen [siks'tihn]	1/2	a/one half [ə/wan 'hahf]
17	seventeen ['säwəntihn]	1/4	a/one quarter [ə/wan 'kwohtə]

CITYATLAS

■ Verlauf der Erlebnistour „Perfekt im Überblick"
■ Verlauf der Erlebnistouren

Der Gesamtverlauf aller Touren ist auch in der herausnehmbaren Faltkarte eingetragen

Bild: Chapman's Peak Drive

Unterwegs in Kapstadt

Die Seiteneinteilung für den Cityatlas finden Sie auf dem hinteren Umschlag dieses Reiseführers

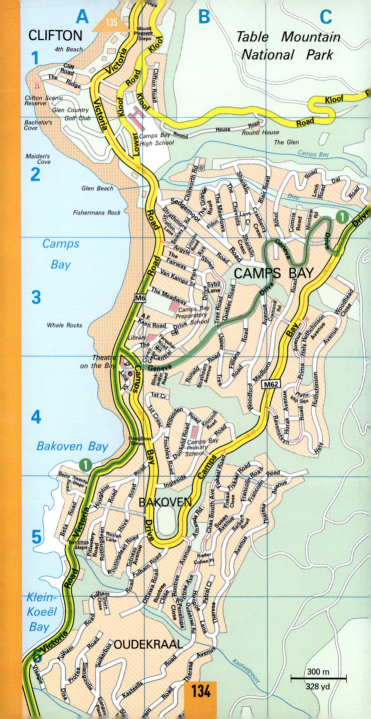

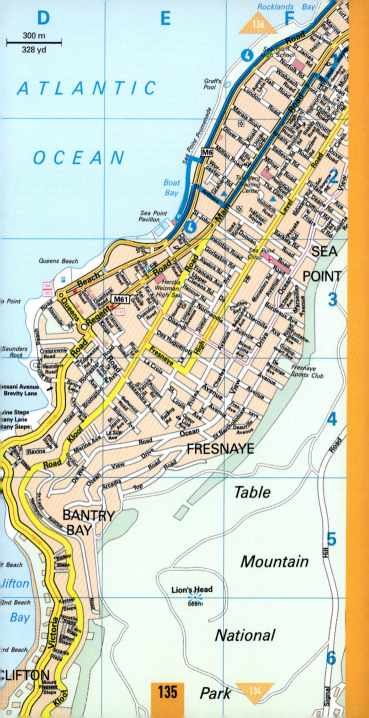

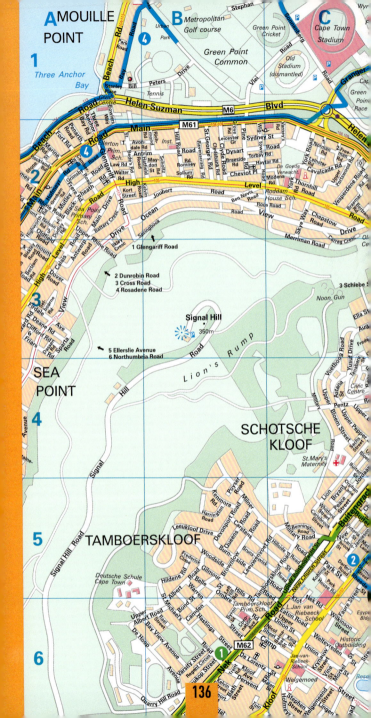

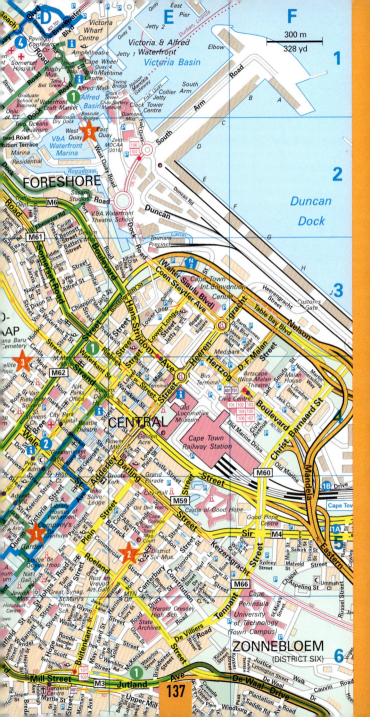

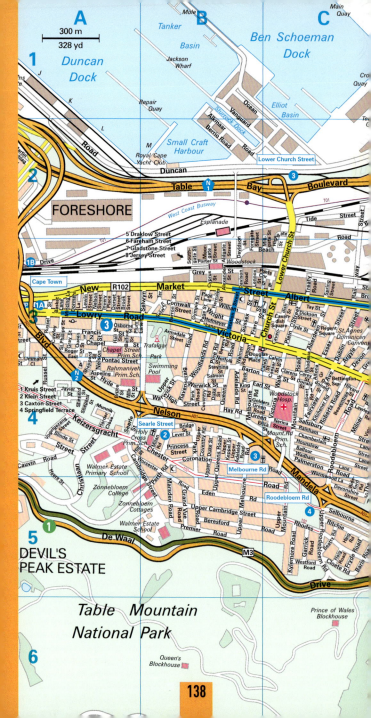

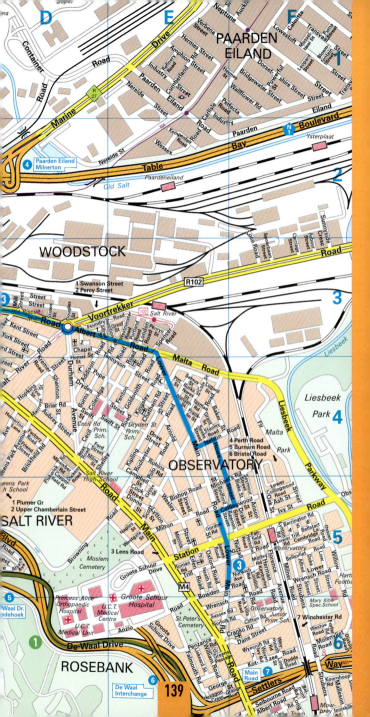

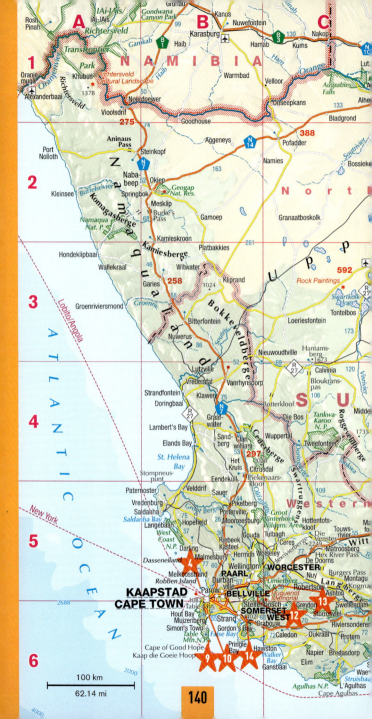

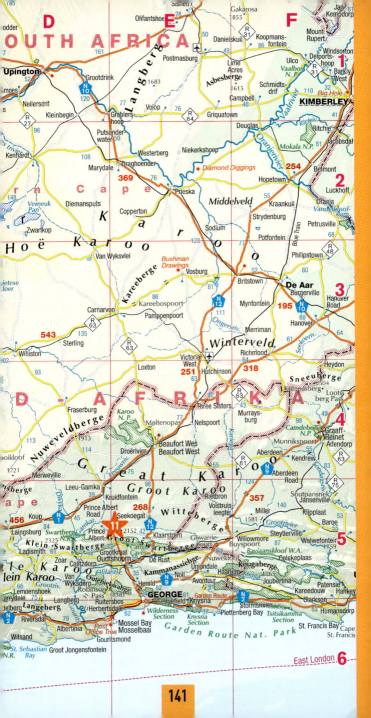

Das Register enthält eine Auswahl der im Cityatlas dargestellten Straßen und Plätze

Abkürzungen der Stadtteile:
(ATH) = Athlone
(BAK) = Bakoven
(BAN) = Bantry Bay
(CAM) = Camps Bay
(CEN) = Central
(CLA) = Claremont
(CLI) = Clifton
(FOR) = Foreshore
(FRE) = Fresnaye
(GAR) = Gardens
(GRE) = Green Point
(HAZ) = Hazendal
(KEW) = Kewtown
(LAN) = Lansdowne
(MAI) = Maitland
(MET) = Metro
(MOW) = Mowbray
(NEW) = Newlands
(OBS) = Observatory
(ORA) = Oranjezicht
(PAA) = Paarden Eiland
(RON) = Rondebosch
(ROS) = Rosebank
(SAL) = Salt River
(SCH) = Schotsche Kloof
(SEA) = Sea Point
(TAM) = Tamboerskloof
(THR) = Three Anchor Bay
(VRE) = Vredehoek
(WOO) = Woodstock
(ZON) = Zonnebloem

A
Aberdeen Street (WOO) **138/C3**
Adderley Street (CEN) **137/D5**
Addison Road (SAL) **139/D4**
Adelaide Road (WOO) **138/B4**
Albany Road (SEA) **135/F2**
Albert Road (TAM) **136/B6**
Albert Road (WOO, SAL) **138/C3**
Albertus Street (CEN) **137/E5**
Alexandra Avenue (FRE) **135/E4**
Alfred Street (CEN)
137/D3-E3-139/D3-F5
Alkmaar Road (WOO) **138/B1**
Annandale Road (GAR) **136/C6**
Anson Street (OBS) **139/F5**
Antrim Road (THR) **136/A2**
Anzio Road (OBS) **139/E6**
Arcadia Road (FRE, BAN) **135/D5**
Argyle Street (CAM) **134/B3**
Argyle Street (WOO) **138/C4**
Arnold Street (OBS) **139/E4**
Arthur's Road (SEA) **135/E2**
Aspeling Street (ZON) **137/F5-138/A4**
Athol Road (CAM) **134/C2**
Aubrey Street (SAL) **139/D4**
August Street (SCH) **136/C3**

B
Baker Street (OBS) **139/E4**
Barnett Street (GAR) **137/D6**
Barrack Street (CEN) **137/D5**
Bartolomeu Dias Boulevard (CEN) **137/F3**
Beach Road (BAN, SEA, THR, GRE) **135/D3-137/D1**
Beach Road (WOO) **138/B3**
Belle Ombre Road (TAM) **136/B5**
Bellevliet Road (OBS) **139/F5**
Bellstart Lane (OBS) **139/F5**
Beresford Road (MAI, OBS) **138/B5**
Bettington Square (WOO) **138/C4**
Bill Peters Drive (GRE) **136/A1**
Bishop Road (OBS) **139/E5**
Booth Road (WOO) **139/D4**
Boundary Road (GRE) **136/C2**
Bouquet Street (CEN) **137/E5**
Bowden Road (OBS) **139/E6**
Brandweer Street (GAR) **137/E6**
Breakwater Boulevard (FOR) **137/D1**
Bree Street (CEN) **136/C5-137/D4**

Brickfield Road (SAL) **139/D4**
Bridgewater Street (PAA) **139/F1**
Brompton Avenue (BAN) **135/D4**
Bromwell Street (WOO) **138/C3**
Browning Road (OBS) **139/D5**
Brownlow Road (TAM) **136/B5**
Bryant Street (CEN) **136/C5**
Buitengracht Street (CEN) **136/C5-137/D3**
Buitenkant Street (CEN) **137/D6**
Buitensingle Street (CEN) **136/C5**
Buiten Street (CEN) **136/C4-C5**
Burg Street (CEN) **137/D4**

C
Caledon Street (CEN, ZON) **137/E5**
Cambridge Road (OBS) **139/F5**
Cambridge Street (WOO) **138/A4**
Camden Street (TAM) **136/B6**
Campbell Street (OBS) **139/F5**
Camps Bay Drive (CAM) **134/A4-B5**
Camp Street (ORA, GAR) **136/B6**
Canterbury Street (ZON, GAR) **137/E5**
Carlisle Street (PAA) **139/E2**
Castle Street (CEN) **137/E4-D3**
Cauvin Street (CEN) **137/F6**
Cavalcade Road (GRE) **136/C2**
Cavendish Square (WOO) **138/C3**
Cecil Road (SAL) **139/D4**
Central Drive (CAM) **134/B4**
Chapel Street (ZON)
137/F5-138/A3-139/D3
Chas Booth Avenue (BAK) **134/B5**
Chatham Road (SAL) **139/E4**
Chester Road (WOO) **138/B4**
Chiappini Street (CEN) **137/D4-D3**
Christiaan Barnard Street (CEN) **137/F4**
Christiaan Street (FOR) **138/A5**
Church Street (CEN) **136/C3**
Church Street (WOO) **138/C3**
Civic Avenue (FOR) **137/F4**
Clifford Road (SEA) **135/F2-136/A3**
Coen Steytler Avenue (Walter Sisulu Boulevard) (CEN) **137/E3**
Coleridge Road (SAL) **139/D4**
Collingwood Street (OBS) **139/E5**
Commercial Street (CEN) **137/D5**
Constitution Street (ZON) **137/E5**
Container Road (FOR) **139/D1**
Cook Street (OBS) **139/E5**
Cornwall Street (WOO) **138/B3**
Coronation Road (WOO) **138/B4**
Corporation Street (CEN) **137/E5**
Cranko Road (OBS) **139/E6**
Culinan Street (CEN) **137/E3**
Cumberland Road (PAA) **139/E1**

D
Dal Road (CAM) **134/C2**
Dane Street (OBS) **139/F6**
Darling Street (CEN) **137/E4**
De Hoop Avenue (TAM) **136/A6**
De Korte Street (OBS) **139/E5**
De Lorentz Street (GAR) **136/B6**
De Villiers Road (ZON) **137/E6**
Devonport Road (TAM) **136/B5**
De Waal Drive (VRE, WOO, OBS)
137/F6-138/A5-139/D6
De Wet Road (FRE) **135/D5**
D.F. Malan Street (CEN) **137/F4**
Disandt Avenue (FRE) **135/E3**
Dock Road (CEN) **137/D2-E2-E3**
Donne Street (OBS) **139/D5**
Dorp Street (CEN) **136/C4-137/D4**
Dove Street (OBS) **139/E4**
Drake Street (OBS) **139/F5**
Drury Street (ZON) **139/E6**
Duncan Road (FOR)
135/F2-137/E2-138/B2-139/D2
Durham Avenue (SAL) **139/D4**
Dysart Road (GRE) **136/B2**

E
Eden Road (OBS) **138/B5-139/E5**

F
Fairview Avenue (WOO) **138/C4**
Falmouth Road (OBS) **139/E6**
Faure Street (GAR) **136/C6**
Fawley Terrace (ZON) **137/F6**
Fenton Road (SAL) **139/E4**
Finchley Road (CAM) **134/B4**
Firmount Road (SEA) **135/F1**
Fir Street (OBS) **139/F4**
Fiskaal Road (BAK) **134/B5**
Florence Avenue (OBS) **139/F5**
Fort Road (THR) **136/A2**
Fort Wynyard Street (GRE) **136/C1**
Francais Avenue (FRE) **135/E3**
Francis Street (ZON) **138/A3**
Francolin Road (BAK) **134/B5**
Frere Road (SAL) **135/F1-136/A2**
Fresnaye Avenue (FRE) **135/E3-F4**
Fritz Sonnenberg Road (GRE) **136/C1**
Fulham Road (BAK) **134/A6-A5**

G
Geneva Drive (CAM) **134/C3-B4**
George Street (OBS) **139/E6**
Glynn Street (CEN, GAR) **137/D6-E6**
Gordon Road (OBS) **139/E5**
Gorleston Road (SEA) **135/E3**
Government Avenue (CEN) **136/C6**
Granger Bay Boulevard (GRE) **136/C1**
Grant Street (OBS) **139/E6**
Greatmore Street (WOO) **138/C4**
Groote Schuur Drive (OBS) **139/E6-E5**

H
Hall Road (SEA) **135/F1**
Hans Strijdom Avenue (CEN) **137/E3**
Hares Avenue (ZON) **139/D4**
Harrington Street (ZON) **137/E6**
Hatfield Road (THR) **136/B2**
Heerengracht Street (FOR) **137/F3**
Helen Suzman Boulevard (GRE)
136/A1-C2
Herman Road (OBS) **139/F5**
Hermes Street (PAA) **139/E1**
Hertzog Boulevard (CEN) **137/E4**
High Level Road (FRE, SEA, GRE)
135/E3-136/A2
Hill Road (THR) **136/B2**
Hofmeyr Street (GAR) **136/C6**
Hoopoe Lane (BAK) **134/B5**
Hope Street (ROS) **137/D6**
Hopkins Street (SAL) **139/D4**
Hounslow Lane (WOO) **138/C4**
Hout Lane (CEN) **137/D4**
Howe Street (OBS) **139/E4**

I
Industry Street (PAA) **139/E1**
Ingleside Road (CAM) **134/B5**
Irwell Street (OBS) **139/E5**
Isador Cohen Place (BAK) **134/B5**

J
Jack Craig Street (CEN) **137/F4**
Jackson Lane (GAR) **137/D6**
Jan Smuts Street (CEN) **137/F4**
Jetty Street (CEN) **137/E3**
Jordaan Street (CEN) **136/C5**
Joubert Road (GRE) **136/B2**
Jutland Avenue (GAR) **137/E6**

K
Kasteells Road (OUD) **134/A6**
Keerom Street (CEN) **137/D5**
Keizersgracht (ZON) **137/E5-138/A4**
Kimberley Road (OBS) **139/F5**
Kingsley Road (SAL) **139/E4**
Kipling Street (OBS) **139/E4**
Kloof Nek Road (GAR) **136/C6**
Kloof Road (CLI, BAN, SEA)
134/A1-B1-C1-135/D4

STRASSENREGISTER

Kotzee (OBS) **139/F6**
Kremer Road (SAL) **139/D3**
Kylemore Road (WOO) **138/C5**

L

La Croix Avenue (FRE) **135/E4**
Leeukloof Drive (TAM) **136/B5**
Leeuwen Street (CEN) **137/D4**
Leeuwenvoet Road (TAM) **136/B5**
Le Sueur Avenue (FRE) **135/E4**
Liesbeek Parkway (OBS, MOW, ROS) **139/F4**
Lion Street (CEN) **136/C5**
Listowel Road (SAL) **138/C4**
London Road (SAL) **139/F1-139/E3-F5**
Longmarket Street (CEN) **136/C3-137/D4**
Long Street (CEN) **137/D5-139/F6**
Loop Street (CEN) **136/C5**
Louis Gradner Street (CEN) **137/E3**
Lower Collingwood Road (OBS) **139/F5**
Lower Long Street (CEN) **137/E3**
Lower Main Road (OBS) **139/E4-E5**
Lower Plein Street (CEN) **137/E4**
Lowestoft Street (PAA) **139/F1**
Lynton Road (OBS) **139/F5**
Lytton Street (OBS) **139/E5**

M

Main Road (NEW) **135/E2**
Main Road (NEW, RON, OBS) **135/E2-136/A2-139/E5**
Malta Road (OBS) **139/E4**
Marais Road (SEA) **135/F1**
Marine Drive (WOO, PAA, MET) **139/D2**
Martin Hammerschlag Way (CEN) **137/E4**
Matveld Street (ZON) **137/F5**
Maynard Street (GAR) **137/D6**
Melbourne Road (WOO) **138/B4**
Metal Lane (GAR) **136/C5**
Military Road (SCH, TAM) **136/C5-C4**
Mill Street (GAR) **136/D6-139/D3**
Milner Street (OBS) **139/F5**
Milner Road (TAM) **136/B5**
Milner Street (WOO) **138/C4**
Milton Road (OBS) **139/F5**
Milton Street (SAL) **135/E2**
Molenvliet Road (OBS) **139/F6**
Morley Road (OBS) **139/F5**
Mountain Road (WOO) **138/C4**
Mount Street (ZON) **137/E5**
Mutley Road (SAL) **135/F1-136/A2**
Myrtle Street (VRE) **137/D6**

N

Nelson Mandela Boulevard (CEN) **137/F3-F4-F5**
Nelson Road (OBS) **139/E4**
Nelson Street (FOR, ZON) **138/A3-A4**
Neptune Street (PAA) **139/E1**
Nereide Street (PAA) **139/D2-E1**
New Church Street (CEN, GAR) **136/C5**
New Market Street (FOR, WOO) **138/A3**
Normandie Avenue (FRE) **135/E4**
Norwich Avenue (OBS) **139/F5**
Nuttall Street (OBS) **139/F5**

O

Oak Street (NEW) **139/F5**
Ocean Road (FOR) **138/B1**
Ocean View Drive (BAN, FRE, GRE, SEA) **135/D5-E4-F3-136/B2**
Old Marine Drive (FOR) **137/E4-F4**
Orange Street (GAR, CEN) **136/C5**
Ottawa Road (BAK) **134/B6**
Oudekraal Road (BAK) **134/B6**
Oxford Road (OBS) **139/E5**
Oxford Street (WOO) **139/D3**

P

Paarden Eiland Road (PAA) **139/E1-F2**
Paddock Avenue (CEN) **137/D5**
Palmerston Road (WOO) **138/C4**
Parade Street (CEN) **137/E5**
Park Road (WOO) **136/A1-138/B4**

Park Street (GAR) **136/C5**
Parliament Street (CEN) **137/D5**
Peace Street (CEN) **136/C5**
Pentz Road (SCH) **136/C4**
Penzance Road (OBS) **139/E6**
Pepper Street (CEN) **137/D4**
Pine Road (GRE) **136/B2**
Pine Road (WOO) **138/B4**
Plein Street (CEN) **137/D5**
Polo Road (OBS) **139/E5**
Pontac Street (ZON) **138/A4**
Pope Street (SAL) **139/D4**
Port Road (FOR) **137/D2**
Portswood Road (GRE) **136/C2**
Powerful Street (PAA) **139/F1**
Premier Road (WOO) **138/B4**
Prestwich Street (CEN) **137/D3-D2**
Primrose Street (ZON) **137/E5**
Protea Avenue (FRE) **135/E4**

Q

Queens Park Avenue (SAL) **139/D5**
Queens Road (SEA) **135/D3**
Queens Road (WOO) **138/B4**
Queen Victoria Street (CEN) **137/D5**
Quendon Road (SEA) **135/E3**

R

Railway Street (WOO) **138/C3**
Ravenscraig Road (WOO) **136/B2-138/B4**
Ravensteyn Road (CAM) **134/C4**
Ravine Road (BAN) **135/D4**
Regent Road (SAL) **135/D3**
Regent Square (WOO) **138/C3**
Regent Street (WOO) **138/C3**
Rhine Road (SEA) **135/F1-136/A2**
Rhodes Avenue (WOO) **138/C5**
Riebeek Street (CEN) **137/D3**
Ritchie Street (WOO) **138/C5**
Roberts Road (WOO) **138/C4**
Robins Road (OBS) **139/E4**
Rochester Road (BAN) **135/D4**
Rochester Road (OBS) **139/F5**
Roeland Street (CEN) **137/D5**
Rontree Avenue (BAK) **134/B5-B6**
Roodebloem Road (WOO) **138/C4**
Roodehek Street (GAR) **137/D6**
Roodehek Terrace (GAR) **137/D6**
Rose Street (CEN) **137/D4**
Rottingdean Road (BAK) **134/A5**

S

St. Bartholomew Road (FRE) **135/E4**
St. Bede's Road (THR) **136/A2**
St. Charles Avenue (SEA, FRE) **135/E4**
St. George's Mall (CEN) **137/D4**
St. George's Road (GRE) **136/B2**
St. George's Road (GRE) **136/B2**
St. John's Road (CEN) **137/D6**
St. John's Road (FRE) **135/E2**
St. John's Road (FRE) **135/E2**
St. Michael's Road (OBS) **139/E5**
St. Michael's Road (TAM) **136/B5**
Salisbury Street (WOO) **138/C4**
Salt River Road (SAL) **139/D4**
Scott Road (OBS) **139/E5**
Scott Street (GAR) **137/D6**
Seacliff Road (BAN) **135/D4**
Searle Street (LAN) **138/A4**
Sedgemoor Road (CAM) **134/B2**
Selous Road (OBS) **139/E4**
Selwyn Street (FOR) **137/E4-F4**
Settlers Way (MOW, HAZ, KEW) **139/F6**
Seymour Street (OBS) **139/F4**
Shanklin Crescent (CAM) **134/B2**
Shannon Street (SAL) **139/D3**
Shelley Road (SAL) **139/D4**
Shortmarket Street (CEN) **137/D4**
Signal Hill Road (TAF) **136/A5**
Sir Lowry Road (ZON) **137/F5**
Solan Road (GAR) **137/E6**
Somerset Road (CLA) **137/D3**
South Arm Road (FOR) **137/E2**
Spencer Road (SAL) **139/E3**

Station Road (OBS) **139/E5**
Stephan Way (GRE) **136/B1**
Strand Street (CEN) **136/C3-137/D4-138/C3**
Strathmore Road (CAM) **134/B2**
Strubens Road (OBS, MOW) **139/F5-F6**
Susan Avenue (BAK) **134/B5**
Sussex Road (OBS) **139/E6**
Swift Street (SAL) **139/D4**
Sydney Street (ZON) **136/B2-137/F5**

T

Table Bay Boulevard (FOR, WOO, SAL) **137/F3-138/B2-139/E2**
Tamboerskloof Road (TAM) **136/B6**
Tasman Road (OBS) **139/E4**
Tennant Street (ATH) **137/E6**
Tennyson Street (SAL) **139/D3**
The Avenue (SAL) **138/C5**
The Glen (SEA) **135/F2**
The Meadway (CAM) **134/B3**
Theresa Avenue (BAK, OUD) **134/B6-C5**
Three Anchor Bay Road (THR) **136/A1**
Totness Avenue (BAK) **134/A5**
Tree Road (CAM) **134/B3**
Trill Road (OBS) **139/E5**
Tuin Square (CEN) **137/D5**

U

Union Street (GAR) **136/C6**
Upper Albert Road (TAM) **136/A6**
Upper Bloem Street (SCH) **136/C4**
Upper Buitengracht Street (TAM) **136/C5**
Upper Cambridge Street (WOO) **138/C5**
Upper Leeuwen Street (SCH) **136/C4**
Upper Pepper Street (CEN) **137/D4**
Upper Rhine Road (TAM) **136/A2**
Upper Roodebloem Road (WOO) **138/C5**
Upper Tree Road (CAM) **134/B3**
Upper Union Street (GAR) **136/C6**
Upper Warwick Street (WOO) **138/B4**

V

Vanguard Road (FOR) **138/B1**
Varsity Street (TAM) **136/B6**
Vasco da Gama Boulevard (CEN) **137/E3**
Vesperdene Road (GRE) **136/C2**
Victoria Road (BAN, CAM, CLI, BAK) **134/A5**
Victoria Road (WOO, SAL) **138/B3**
Victoria Street (GAR) **136/C5**
Victoria Walk (WOO) **138/C4**
Voetboog Road (SCH) **136/C4**
Voortrekker Road (MAI, SAL) **139/D3**

W

Wale Street (CEN) **136/C4-137/D4**
Walter Sisulu Boulevard (Coen Steytler Avenue) (CEN) **137/E3**
Wandel Street (GAR) **136/C6-137/D6**
Warwick Street (WOO) **138/B4**
Waterkant Street (CEN, GRE) **137/D2-D3-E4**
Welgemeend Street (GAR) **136/C6**
Weltevreden Street (GAR) **136/C6**
Wesley Road (OBS) **137/D6-139/E5**
Wessels (GRE) **136/C2**
West Quay Road (FOR) **137/D2**
Wicht Crescent (ZON) **137/F5**
Wilkinson Street (GAR) **136/C6**
Willesden Road (CAM) **134/B4**
William Road (OBS) **139/E6**
William Street (WOO) **138/B3**
Willow Road (OBS) **139/F5**
Windburg Avenue (VRE) **137/E6**
Woodford Avenue (CAM) **134/B4**
Woodlands Road (WOO) **138/B4**
Woodside Road (OBS) **136/B5**
Wrensch Road (OBS) **139/E6**
Wright Street (WOO) **138/B3**
Wyecroft Road (OBS) **139/F6**

Y

York Road (GRE) **136/C2**
Yusuf Drive (SCH) **136/C4**

KARTENLEGENDE

English / German	Dutch / French
Motorway / Autobahn	Autosnelweg / Autoroute
Road with four lanes / Vierspurige Straße	Weg met vier rijstroken / Route à quatre voies
Thoroughfare - Main road / Durchgangsstraße - Hauptstraße	Weg voor doorgaand verkeer - Hoofdweg / Route de transit - Route principale
Other roads / Sonstige Straßen	Overige wegen / Autres routes
Information - Parking place / Information - Parkplatz	Informatie - Parkeerplaats / Information - Parking
One-way street - Pedestrian zone / Einbahnstraße - Fußgängerzone	Straat met eenrichtingsverkeer - Voetgangerszone / Rue à sens unique - Zone piétonne
Main railway with station / Hauptbahn mit Bahnhof	Belangrijke spoorweg met station / Chemin de fer principal avec gare
Other railway / Sonstige Bahn	Overige spoorweg / Autre ligne
Aerial cableway / Kabinenschwebebahn	Kabelbaan met cabine / Téléférique
Shipping route - Landing stage / Schifffahrtslinie - Anlegestelle	Scheepvaartroute - Aanlegplaats / Ligne de navigation - Embarcadère
Church - Church of interest - Synagogue - Mosque / Kirche - Sehenswerte Kirche - Synagoge - Moschee	Kerk - Bezienswaardige kerk - Synagoge - Moskeë / Église - Église remarquable - Synagogue - Mosquée
Police station - Post office - Hospital / Polizeistation - Postamt - Krankenhaus	Politiebureau - Postkantoor - Ziekenhuis / Poste de police - Bureau de poste - Hôpital
Monument - Tower - Youth hostel / Denkmal - Turm - Jugendherberge	Monument - Toren - Jeugdherberg / Monument - Tour - Auberge de jeunesse
Campingsite - Lighthouse / Campingplatz - Leuchtturm	Terrain de Camping - Phare / Kampeerterrein - Vuurtoren
Built-up area, public building / Bebaute Fläche, öffentliches Gebäude	Bebouwing, openbaar gebouw / Zone bâtie, bâtiment public
Industrial area / Industriegelände	Industrieterrein / Zone industrielle
Park, forest - Cemetery / Park, Wald - Friedhof	Park, bos - Kerkhof / Parc, bois - Cimetière
MARCO POLO Discovery Tour 1 / MARCO POLO Erlebnistour 1	MARCO POLO Avontuurlijke Route 1 / MARCO POLO Tour d'aventure 1
MARCO POLO Discovery Tours / MARCO POLO Erlebnistouren	MARCO POLO Avontuurlijke Routes / MARCO POLO Tours d'aventure
MARCO POLO Highlight	MARCO POLO Highlight

FÜR IHRE NÄCHSTE REISE ...

ALLE **MARCO POLO** REISEFÜHRER

DEUTSCHLAND
Allgäu
Bayerischer Wald
Berlin
Bodensee
Chiemgau/
Berchtesgadener
Land
Dresden/
Sächsische Schweiz
Düsseldorf
Eifel
Erzgebirge/
Vogtland
Föhr & Amrum
Franken
Frankfurt
Hamburg
Harz
Heidelberg
Köln
Lausitz/Spreewald/
Zittauer Gebirge
Leipzig
Lüneburger Heide/
Wendland
Mecklenburgische
Seenplatte
Mosel
München
Nordseeküste
Schleswig-Holstein
Oberbayern
Ostfriesische Inseln
Ostfriesland/Nord-
seeküste Nieder-
sachsen/Helgoland
Ostseeküste
Mecklenburg-
Vorpommern
Ostseeküste
Schleswig-Holstein
Pfalz
Potsdam
Rheingau/
Wiesbaden
Rügen/Hiddensee/
Stralsund
Ruhrgebiet
Schwarzwald
Stuttgart
Sylt
Thüringen
Usedom
Weimar

ÖSTERREICH
SCHWEIZ
Kärnten
Österreich
Salzburger Land
Schweiz
Steiermark
Tessin
Tirol
Wien
Zürich

FRANKREICH
Bretagne
Burgund
Côte d'Azur/
Monaco
Elsass
Frankreich
Französische
Atlantikküste
Korsika
Languedoc-
Roussillon
Loire-Tal
Nizza/Antibes/
Cannes/Monaco
Normandie
Paris
Provence

ITALIEN
MALTA
Apulien
Dolomiten
Elba/Toskanischer
Archipel
Emilia-Romagna
Florenz
Gardasee
Golf von Neapel
Ischia
Italien
Italienische Adria
Italien Nord
Italien Süd
Kalabrien
Ligurien/
Cinque Terre
Mailand/
Lombardei
Malta & Gozo
Oberital. Seen
Piemont/Turin
Rom
Sardinien
Sizilien/
Liparische Inseln
Südtirol
Toskana
Venedig
Venetien & Friaul

SPANIEN
PORTUGAL
Algarve
Andalusien
Barcelona
Baskenland/
Bilbao
Costa Blanca
Costa Brava
Costa del Sol/
Granada
Fuerteventura
Gran Canaria
Ibiza/Formentera
Jakobsweg
Spanien
La Gomera/
El Hierro
Lanzarote
La Palma
Lissabon
Madeira
Madrid
Mallorca
Menorca
Portugal
Spanien
Teneriffa

NORDEUROPA
Bornholm
Dänemark
Finnland
Island
Kopenhagen
Norwegen
Oslo
Schweden
Stockholm
Südschweden

WESTEUROPA
BENELUX
Amsterdam
Brüssel
Dublin
Edinburgh
England
Flandern
Irland
Kanalinseln
London
Luxemburg
Niederlande
Niederländische
Küste
Schottland
Südengland

OSTEUROPA
Baltikum
Budapest
Danzig
Krakau
Masurische Seen
Moskau
Plattensee
Polen
Polnische
Ostseeküste
Danzig
Prag
Slowakei
St. Petersburg
Tallinn
Tschechien
Ungarn
Warschau

SÜDOSTEUROPA
Bulgarien
Bulgarische
Schwarzmeerküste
Kroatische Küste
Dalmatien
Kroatische Küste
Istrien/Kvarner
Montenegro
Rumänien
Slowenien

GRIECHENLAND
TÜRKEI
ZYPERN
Athen
Chalkidiki/
Thessaloniki
Griechenland
Festland
Griechische Inseln/
Ägäis
Istanbul
Korfu
Kos
Kreta
Peloponnes
Rhodos
Samos
Santorin
Türkei
Türkische Südküste
Türkische Westküste
Zákinthos/Itháki/
Kefalloniá/Léfkas
Zypern

NORDAMERIKA
Chicago und
die Großen Seen
Florida
Hawai'i
Kalifornien
Kanada
Kanada Ost
Kanada West
Las Vegas
Los Angeles
New York
San Francisco
USA
USA Ost
USA Südstaaten/
New Orleans
USA Südwest
USA West
Washington D.C.

MITTEL- UND
SÜDAMERIKA
Argentinien
Brasilien
Chile
Costa Rica
Dominikanische
Republik
Jamaika
Karibik/
Große Antillen
Karibik/
Kleine Antillen
Kuba
Mexiko
Peru & Bolivien
Yucatán

AFRIKA UND
VORDERER
ORIENT
Ägypten
Djerba/
Südtunesien
Dubai
Israel
Jordanien
Kapstadt/
Wine Lands/
Garden Route
Kapverdische
Inseln
Kenia
Marokko
Namibia
Rotes Meer & Sinai
Südafrika
Tansania/Sansibar
Tunesien
Vereinigte
Arabische Emirate

ASIEN
Bali/Lombok/Gilis
Bangkok
China
Hongkong/Macau
Indien
Indien/Der Süden
Japan
Kambodscha
Ko Samui/
Ko Phangan
Krabi/
Ko Phi Phi/
Ko Lanta/Ko Jum
Malaysia
Nepal
Peking
Philippinen
Phuket
Shanghai
Singapur
Sri Lanka
Thailand
Tokio
Vietnam

INDISCHER OZEAN
UND PAZIFIK
Australien
Malediven
Mauritius
Neuseeland
Seychellen

Viele MARCO POLO Reiseführer gibt es auch als eBook – und es kommen ständig neue dazu!
Checken Sie das aktuelle Angebot einfach auf: www.marcopolo.de/e-books

REGISTER

In diesem Register finden Sie alle in diesem Band erwähnten Sehenswürdigkeiten, Museen, Weingüter und Ausflugsziele sowie einige wichtige Straßen, Plätze, Namen und Stichworte. Gefettete Seitenzahlen verweisen auf den Haupteintrag.

Adderley Street 13, 119
Anreith, Anton 32, 35
Antiquitäten 65
Apartheid 15, 16, 22, 29, 30, 33, 37, 40
Artscape Theatre 79
Athlone 76
Barnard, Christiaan 47
Bars & Kneipen 74
Bartolomeu Diaz Museum Complex 104
Bay Harbour Market 19, **69**, 121
Bloubergstrand 48
Bo-Kaap 38
Bo-Kaap Museum 38
Boschendal 113
Bree Street 72
Buchläden 66
Buitenverwachting 43
Calitzdorp 103
Camps Bay 14, 15, 18, **41**, 44, 45, 53, 72, 77, 80, 82, 84, 91
Cape Flats 14, 16, 23, 25, 28, 47, 57
Cape Point Ostrich Farm 100
Cape Quarter (De Waterkant) 27, **38**, 64, **67**, 72, 73
Cape Town Holocaust Centre 29
Castle Military Museum 33
Castle of Good Hope 27, 32, **33**
Cave Golf 100
Chapman's Peak Drive 51, 52
City Bowl 28, 33
City Hall 15, 33, **34**, 78
CityROCK Indoor Climbing Centre 46
Clifton 14, 18, 41, **42**
Coetzee, J. M. 53
Company's Gardens 28, **29**, 32, 91, 92
Constantia Uitsig 43, **58**
Constantia-Tal 58, 81, 86, 87
Coon Carnival 38, 118
De Hoop Nature Reserve 106
De Waterkant **38**, 64, 72, 73, 80
Delikatessen 67
Devil's Peak 22, 28, **42**
Diemersfontein 115
Disa-Park-Türme 22
District Six **23**, 34
District Six Museum 27, **34**
Duiker Island 53
Einkaufszentren 67
Ernie Els Wines 116
Fairview 114
False Bay 15, **49**, 65
Featherbed Nature Reserve 106
Franschhoek 110, **112**, 114
Franschhoek Pass 112
Fußball 40, 76
Galerien 68

Garden Route 102
Gardens 28, 80
George 105
Government Avenue 30
Grand Parade 33, 34
Green Market Square 94
Green Point 38, **40**, 76
Green Point Park 40, 98
Green Point Stadium 40, 98
Greenmarket Square 34
Groot Constantia 43
Grootbos Private Nature Reserve 120
Groote Kerk 35
Groote-Schuur-Krankenhaus 47
Guguletu 47
Hermanus 106
Highgate Ostrich Show Farm 105
Hillcrest Quarry 18
Houses of Parliament **30**, 92
Hout Bay 16, 51, 52
Imizamo Yethu Township 91
Jeffreys Bay 109
Jonkershoek Nature Reserve 115
Kabarett & Comedy 77
Kalk Bay 50, 65, 81
Kap der Guten Hoffnung 14, 20, **51**
Kenilworth 118
Khayelitsha 47, 119
Kinos 77
Kirstenbosch 46
Kirstenbosch National Botanical Gardens 18, **43**
Klapmutskop 18
Klein Constantia 43
Klein Karoo 102, 105
Kloof Nek 46
Kloof Street **30**, 64, 86, 94
Knysna 102, **106**, 109, 119
Kommetjie 52
Kooperatieve Wijnbouwers Vereniging 114
Kunsthandwerk 69
Langa 47
Lion's Head 18, 33, **43**
Little Lion's Head 45
Livemusik 78
Llandudno 45
Long Street 22, 27, 28, **31**, 60, 62, 64, 70, 72, 80, 85, 86, 87, 94
Long Street Baths 127
Lower Main Road 44, 73, 95
Mandela, Nelson 15, 33, 34, 40, 53, 105, 114, 117
Märkte 69, 70
McGregor 110
Medi-Spa 127
Michaelis Collection 36
Milnerton 70

Mossel Bay 102, **103**
Mouille Point 100, 101
Muizenberg **49**, 70, 106
Nature's Valley 109
Neighbourgoods Market 70
Newlands 76
Noon Gun 40
Noordhoek 51, 52
Observatory 14, **44**, 46, 72, 73, 80, **95**
Old Biscuit Mill Market 19, 97
Oranjezicht 28
Oudtshoorn 103, **105**
Outeniqua-Pass 105
Paarl 18, 34, 110, **114**, 117
Paarl Mountain Nature Reserve 114
Planetarium 100
Plettenberg Bay 106, **107**
Putt Putt Course 100
Rhodes Memorial 42, **44**
Rhodes, Cecil 30, 44, 93
Robben Island 37, **40**, 117
Robberg Island Nature Reserve 108
Rugby 76
Rust en Vreugd 32
Safari 101
Sandy Bay 45
Scarborough 52
Schmuck 71
Scratch Patch 101
Sea Point **45**, 80, 83, 99
Serendipity Maze 101
Sicherheit 17, **36**
Signal Hill 26, 28, 40, **43**, 44
Simon's Town 51, 106
South African Jewish Museum 27, **29**
South African Museum **32**, 91, 100
South African National Gallery 27, **32**, 92
Spier 116
St George's Cathedral 33, **36**, 37, 93
St George's Mall 64
St James 50
Steenberg 43
Steenberg Estate 83
Stellenbosch 110, **115**
Szenelokale 79
Table Bay 40
Tafelberg 14, 18, 21, 23, 26, 28, **46**, 83, 86
Tamboerskloof 28, 80
The Boulders 51
The Heads 107
The Heart of Cape Town Museum 47
The Old Slavelodge 36
The Old Townhouse 36
Theater 79

IMPRESSUM

Townships 14, 16, 23, 25, 28, **47**, 57, 91
Tsitsikamma Nat. Park 102, 109
Tutu, Desmond 33, 37
Tuynhuis 32
Twelve Apostles 41, **48**, 82, 84
Two Oceans Aquarium 40
Uitkyk 116
van der Stel, Simon 35, 42, 110
Vergelegen 117
Victoria & Alfred Waterfront **40**, 64, **68**, 77, 84, 98
Vredehoek 22, 28
Wale **106**, 108, 118
Waterfront 18, 37
Wein 71, 111, 114
Weingüter 42, 43, 58, 103, 110, 111, 113, 114, 115, 116
Wilderness National Park 106
William Fehr Collection 32, 33
Wine Lands 110
WM 2010 15
Woodstock 19, 68, 95
Zonnebloem 23
Zwölf Apostel (Twelve Apostles) 41, **48**, 82, 84

SCHREIBEN SIE UNS!

Egal, was Ihnen Tolles im Urlaub begegnet oder Ihnen auf der Seele brennt, lassen Sie es uns wissen! Ob Lob, Kritik oder Ihr ganz persönlicher Tipp – die MARCO POLO Redaktion freut sich auf Ihre Infos.

Wir setzen alles dran, Ihnen möglichst aktuelle Informationen mit auf die Reise zu geben. Dennoch schleichen sich manchmal Fehler ein – trotz gründlicher Recherche unserer Autoren/innen. Sie haben sicherlich Verständnis, dass der Verlag dafür keine Haftung übernehmen kann.

MARCO POLO Redaktion
MAIRDUMONT
Postfach 31 51
73751 Ostfildern
info@marcopolo.de

IMPRESSUM
Titelbild: Bo Kaap (Look: H. Holler)
Fotos: Die Afrikaanse Taalmuseum: Melinda Bonthuys (18 M.); W. Dieterich (Klappe l., Klappe r., 22, 30, 32, 34, 44, 47, 61, 71, 74, 87, 108, 115, 116, 118, 120 o., 120 u.); DuMont Bildarchiv: Selbach (100, 101, 112, 118/119); J. Frangenberg (110/111, 119); F. M. Frei (10); huber-images: M. Carassale (42), J. Foulkes (26/27), Gräfenhain (4 o., 4 u., 9, 12/13, 17); huber-images/TC (2); Laif: Emmler (69, 121), E. Haeberle (18 u., 59), H. Meyer (52); Look: Coelfen (62 l.), H. Holler (1 o.); mauritius images/African Images/Alamy: P. Gregg (19 o.); mauritius images/age: R. Shagam (48/49); mauritius images/Alamy (3, 5, 6, 7, 14/15, 38, 62 r.), G. Balfour Evans (94), B. Harrington III (54/55, 64/65, 82, 88/89), P. Kennedy (102/103), Y. Levy (56), M. Sobreira (8, 77), P. Titmuss (80/81); mauritius images/Alamy/Greatstock (96); mauritius images/Alamy/RosalreneBetancourt 6 (20/21, 37); mauritius images/Alamy/Tim Gartside travel south africa (107); mauritius images/Aurora Photos/Alamy (43); mauritius images/CuboImages (85); mauritius images/cultura (11); mauritius images/Greatstock Photografic Library/Alamy (24); mauritius images/Imagebroker: D. Bleyer (72/73), U. Doering (18 o.); mauritius images/Radius Images (104); mauritius images/robertharding: Y. Levy (79); mauritius images/United Archives (51); mauritius images/wanderluster/Alamy (25, 100/101); mauritius images/Westend61/zerocreatives (66); mauritius images/World/Foto/Alamy (41); C. Putsch (1 u.); T. Stankiewicz (132/133); The Test Kitchen (19 u.)

6. Auflage 2017
Komplett überarbeitet und neu gestaltet
© MAIRDUMONT GmbH & Co. KG, Ostfildern
Chefredaktion: Marion Zorn; Autoren: Anja Jeschonneck, Kai Schächtele; Koautor: Christian Putsch; Redaktion: Jochen Schürmann; Verlagsredaktion: Susanne Heimburger, Tamara Hub, Nikolai Michaelis, Kristin Schimpf
Bildredaktion: Gabriele Forst; Im Trend: wunder media, München
Kartografie Reiseatlas: © MAIRDUMONT, Ostfildern; Kartografie Faltkarte: © MAIRDUMONT, Ostfildern
Gestaltung Cover, S. 1, S. 2/3, Faltkartencover: Karl Anders – Büro für Visual Stories, Hamburg; Gestaltung innen: milchhof:atelier, Berlin; Gestaltung Erlebnistouren: Susan Chaaban Dipl.-Des. (FH)
Sprachführer: in Zusammenarbeit mit Ernst Klett Sprachen GmbH, Stuttgart, Redaktion PONS Wörterbücher
Das Werk einschließlich aller seiner Teile ist urheberrechtlich geschützt. Jede urheberrechtsrelevante Verwertung ist ohne Zustimmung des Verlags unzulässig und strafbar. Das gilt insbesondere für Vervielfältigungen, Übersetzungen, Nachahmungen, Mikroverfilmungen und die Einspeicherung und Verarbeitung in elektronischen Systemen.
Printed in China

MIX
Paper from responsible sources
FSC® C124385

BLOSS NICHT ✋

Was Sie in Kapstadt besser nicht machen sollten

BETTELNDEN KINDERN GELD GEBEN

An vielen Straßenkreuzungen herrscht Hochbetrieb, sobald die Ampeln auf Rot umspringen. Zeitungsverkäufer halten die aktuelle Ausgabe der Tageszeitung im Arm, Straßenhändler verkaufen Drahtspielzeug und Kinder betteln. Auch wenn es Ihnen schwerfällt: Geben Sie ihnen kein Geld. Sozialarbeiter in Kapstadt versuchen, gegen das Betteln der Kinder anzugehen, weil die das Geld meistens entweder an ihre Auftraggeber abgeben müssen oder für Drogen ausgeben.

DIE WANDERUNG AUF DEN TAFELBERG UNTERSCHÄTZEN

Über das Verhalten vieler Touristen schütteln Kapstädter nur den Kopf: Ausgerüstet mit Kamera und einer Tube Sonnenmilch, besteigen sie den Tafelberg und glauben, es sei ein harmloser Nachmittagsspaziergang. Dass das ein großer Irrtum ist, merken viele erst, wenn sie auf dem Plateau des Berges stehen, eingehüllt in den dichten Nebel einer Regenwolke, und nicht wissen, wie sie von hier wieder wegkommen sollen. Bereiten Sie einen Ausflug auf den Tafelberg deshalb gründlich vor. Informieren Sie sich über die Wetterlage, packen Sie die notwendige Ausrüstung ein (s. „Sehenswertes") und gehen Sie nie allein. So können Sie sich dann ganz entspannt den traumhaften Aussichten hingeben, mit denen der Berg den zum Teil recht anstrengenden Aufstieg belohnt.

NACHTS AUF DIE BERGE GEHEN

So schön die Aussicht aufs nächtliche Kapstadt auch sein mag: Vermeiden Sie es, allein mit Ihrem Wagen auf dem Parkplatz des Signal Hill zu stehen oder den Lion's Head zu erklimmen. Sie werden sonst leicht Opfer von Dieben, die die Abgeschiedenheit der Berge nutzen. Sie müssen auf den Anblick der funkelnden Stadt aus der Höhe aber nicht verzichten: Wenn Sie in einer Gruppe unterwegs oder genug andere Genießer um Sie herum sind, können Sie das Bild unbeschwert erleben.

IN DEN BERUFSVERKEHR GERATEN

An Werktagen zwischen 6.30 Uhr und 8.30 Uhr verstopfen unzählige Autos und Minitaxis die Highways in die Innenstadt. Die Folge sind zähe Staus, die bis ins Stadtzentrum anhalten. Abends wiederholt sich dieses Drama in die entgegengesetzte Richtung. Meiden Sie deshalb zu den Stoßzeiten die Ein- und Ausfallstraßen der Stadt.

IM AUTO LASSEN, WAS EINEM LIEB IST

Ob Geldbeutel, Kamera oder Kleidung: Lassen Sie nichts im Auto, was anderen gefallen könnte. Sonst sind nach Ihrer Rückkehr die Scheiben eingeschlagen, und alles, was im Wagen lag, ist weg. Auch der Kofferraum ist kein sicherer Ort für Wertgegenstände. Am besten nehmen Sie immer nur das mit, was Sie auch bei sich tragen können.